[개정판]

새로운 주택 디자인 도감

삶을 생각하는 집짓기

NEW ILLUSTRATED BOOK
TO DESIGN
THE BEAUTIFUL HOUSES

이시이 히데키 외 4명 지음
나지윤 옮김

한스미디어

CHAPTER 1 집의 형태

SHAPE | 형태

- 6 집의 형태를 결정짓는 입지와 건축주
- 8 주변 환경을 고려해 탄생한 담장
- 9 공간을 겹쳐 하늘과 풍경을 얻다
- 10 대담한 전면 창
- 11 도로 경사면을 활용한 설계
- 12 도로면에 인접한 협소지의 설계
- 13 주변에 위압감을 주지 않는 입체적인 배치
- 14 상점가와 모퉁이를 향해 닫고 골목길을 향해 열다
- 15 한 계단 높이를 낮춘 현관
- 16 단차를 활용해 건물을 분산시키다
- 17 유리 지붕과 외벽용 마감으로 야와 같은 내부를 만들다
- 18 서로 다른 천장으로 자연스럽게 공간을 나누다
- 19 엇갈린 공간의 틈새로 채광과 전망을 확보하다
- 20 1/4 스킵플로어를 적용한 계단
- 21 비스듬한 천장이 주는 분위기
- 22 날렵한 각도가 단번에 시선을 사로잡는다
- 23 명암의 차이가 공간에 깊이감을 부여한다
- 24 반복에 의해 깊이감을 연출하다
- 25 생활공간으로 요긴하게 활용되는 툇마루
- 26 대형 원룸에 발랄한 변화를 부여하다
- 27 수납실을 중앙에 배치해 가변성을 높이다
- 28 주변 환경과 조화를 이루는 집 형태
- 29 다각도로 비추는 햇빛이 공간에 다양한 표정을 연출한다
- 30 대지의 특수성을 고스란히 살린 건물
- 31 협소한 경사면을 장점으로 살려내다
- 32 인접지를 직접 개방하지 않아도 얻어지는 풍요
- 33 연속적으로 이어지는 고창
- 34 계단 상부에 만든 개구부에서 충분한 햇빛이 들어온다
- 35 시선과 풍경을 조절하다
- 36 옆벽을 통해 외부 경치를 실내에 담다
- 37 하얀 벽면을 따라 경쾌하게 비치는 햇살
- 38 하늘의 전망과 채광을 선사하는 톱라이트
- 39 프라이버시와 채광을 동시에 해결한 스킵플로어
- 40 화이트 공간 속에서 존재감을 발하는 블랙

CHAPTER 2 세부 공간

ENTRANCE | 현관
TRAFFIC LINE | 이동 공간

- 42 기분을 전환하는 장소
- 44 어둠 너머로 서광이 비치다
- 45 현관에 융화된 응접실
- 46 외부에 활짝 오픈된 주택
- 47 큰길가에서 살포시 떨어진 현관
- 48 초목이 우거진 현관
- 49 비스듬한 현관 토방
- 50 현관에 딸린 수납장
- 51 마감재를 통일해 정원과 연속성을 높이다
- 52 돌출된 2층 공간으로 탄생한 현관 포치
- 53 현관에서 한눈에 들어오는 정원 풍경
- 54 이동 공간이 특별한 장소로 탈바꿈하다
- 55 다양한 방향에서 접근이 가능한 계단의 자유로움
- 56 마루를 연상시키는 계단으로 공간을 역동적으로 연출하다
- 57 욕실의 중정을 현관과 공유하다

ROOM | 방

- 58 안락한 방 만들기
- 60 초록빛 자연을 즐기는 2층 거실
- 61 바깥 풍경과 조화롭게 공생하는 집
- 62 하늘을 끌어들인 거실
- 63 삼면의 풍경을 모두 만끽하는 2층 거실
- 64 텐트 속에 들어온 듯 아늑한 실내공간
- 65 안과 밖 경계를 모호하게
- 66 주변 경치를 집 안으로 끌어들인 2층 거실
- 67 좌식의 시야를 고려한 공간
- 68 가족이 자연스럽게 모여드는 LDK
- 69 데크와 일체가 되는 식당
- 70 정원으로 시원하게 열린 개방감 넘치는 주방
- 71 거실 접근형 설계
- 72 개구부 위치와 면적으로 채광을 조절하다
- 73 스테인리스로 통일한 모던한 주방
- 74 토방 속 주방
- 75 이중벽을 통해 부드러운 빛이 새어나오다
- 76 층고를 억제한 공간의 아늑함과 자유로운 개방감
- 77 정원을 통해 아침 햇살이 들어오는 침실
- 78 맞배지붕의 아늑한 침실
- 79 중심을 낮춰 안락한 분위기를 연출하다

80	옥상정원을 바라보는 침실
81	반 층만큼 올린 높이에 설치한 전면 창
82	집 안에 다도실을 만들다
83	하늘의 풍경을 독점하는 서재
84	눈앞에 펼쳐지는 숲속의 서재
85	반지하 도서실
86	높은 징두리 벽과 하늘 전망
87	입체적인 도서관 같은 아이 방
88	반지하 집필 공간
89	외부와 이어진 아틀리에
90	지하 공간 리노베이션
91	COLUMN 집의 영역을 확장시키는 노하우

SANITARY | 배수시설

92	개방감과 사생활 보호를 충족시키는 설계
94	자연광으로 내부를 밝히는 배수시설
95	위에서 내려오는 빛을 가득 머금은 고요한 욕실
96	하늘을 독점하는 욕실
97	외부와 부드럽게 이어지는 투과성 높은 욕실
98	채광과 환기에 탁월한 배수시설
99	주변 공간과 이어지는 욕실
100	투명 유리로 구분한 배수시설
101	숲속의 샘처럼 연출한 욕실
102	정원의 신록을 마음껏 즐기는 욕실
103	테라스가 딸린 개방적인 욕실
104	FRP로 마감한 욕실과 세면탈의실
105	각기 다른 세대를 고려한 욕실
106	COLUMN 욕실의 기능과 영역을 확장시키다

CHAPTER 3 외관

FACADE | 외관

109	주변과 조화를 이루면서 개성을 담아내다
110	곡면 슬라브가 만들어내는 음영
111	사선제한을 활용한 독특한 외관
112	닫힌 외관
113	두 ㄱ자의 외벽 마감으로 위압감 없는 외관
114	골목길에 설계한 필로티형 포치
115	깃대 부지·방문자를 반겨주는 진입로
116	성격이 다양한 외부공간을 깔끔하게 통일하다
117	주차공간과 일체화된 진입로
118	개구부를 억제해 개성 있는 외관을 연출하다
119	이웃집 녹지를 진입로에 끌어들이다
120	협소한 진입로에 아기자기한 변화를 부여하다
121	중정을 가진 맞배지붕 주택
122	전원풍경에 녹아들어 환경과 공생하다
123	옹기종기 모인 집
124	기존 건물의 형태를 최대한 활용한 알뜰 리노베이션
125	COLUMN 안과 밖의 연속성을 고려한다

EXTERIOR | 외부 구조

127	실내에서 확장된 생활공간
128	깊이감을 부여하는 반 옥외 테라스
129	안과 밖을 일체화시키는 테라스
130	빨래 건조대도 아름답게
131	한 단 높이 설치한 테라스
132	시야가 시원하게 트여 개방감을 부여하다
133	중정을 감싸 안은 개방적인 내부
134	중정이 거실의 일부로 들어오다
135	공간을 나누고 연결하는 중정
136	진입로와 중정을 겸비한 공간
137	정원과 일체화된 진입로
138	기존의 나무를 그대로 남겨두어 집의 기억을 계승하다
139	사생활을 보호하고 아름다운 전망을 선사하는 정원
140	좌식방과 하나가 된 정원
141	정원을 따라 줄지어 이어지는 데크
142	거실과 중정을 이어주는 데크
143	중정 같은 데크
144	단층집 옥상을 정원으로 꾸미다
145	실내에서 빗물을 즐기는 설계
146	옹벽의 심미성을 고려하다

CHAPTER 4 세부요소

FARNITURE | 가구
- 149 공간에 자연스럽게 녹아들다
- 150 건물과 통일감을 이루는 가구
- 151 기존 가구의 목재를 재사용한 가구
- 152 단정하게 공간에 녹아드는 원목 장식장
- 153 치밀하게 설계된 주방 수납실
- 154 완벽하게 수납되는 불단
- 155 난간의 존재감을 감추다
- 156 서재를 겸한 드레스룸
- 157 COLUMN 건축과 가구는 하나다

OPENINGS | 개구부
- 158 디자인과 기능의 균형을 이루다
- 160 내부를 외부처럼 연출한 통창
- 161 부드럽고 차분한 픽처 윈도우
- 162 기성품 섀시를 활용한 알뜰한 설계
- 163 외부 풍경을 한층 부각시키는 깊은 처마
- 164 실내 개구부
- 165 계절마다 옷을 갈아입는 거실 창
- 166 장지문 사이로 흘러드는 아늑한 빛
- 167 창의 역할을 분리해서 생각하다
- 168 둥근 해가 방 안에 들어오다
- 169 비밀의 은신처로 안내하는 책장
- 170 주거 공간을 감각적으로 연결하는 개구부
- 171 개구부 면적을 억제해 독립성을 높이다

OTHER | 계단 및 기타
- 172 아름다운 오브제처럼
- 174 철근 콘크리트 구조의 개방적인 골조 계단
- 175 콘크리트 벽과 하나가 된 계단
- 176 옥상 테라스로 이어지는 계단
- 177 철과 나무의 조합이 돋보이는 골조 계단
- 178 절묘하게 주변에 녹아드는 수납형 계단
- 179 지하층까지 빛을 끌어들이는 유리 바닥
- 180 의자를 겸한 계단
- 181 구조 변경에 대비한 펜던트 조명
- 182 간접 조명의 다양한 효과
- 183 큼지막한 곡선 난간이 하늘의 풍경을 담아내다
- 184 기하학적 형태가 인상적인 부채 모양 집
- 185 치장 콘크리트
- 186 COLUMN 자연스럽고 자유로운 '이동 공간만으로 이루어진 집'

CHAPTER 5 삶을 생각하다

- 188 숲, 빛, 물… 자연과 교감하는 집
  이시이 히데키
- 194 주변 환경과 평화로운 조화를 추구하는 구조와 디자인
  스기우라 미쓰루
- 200 자연 풍경이 주인공이 되는 미니멀한 공간
  쓰루 리코
- 206 다양한 개방성을 마음껏 실현하다
  하세베 쓰토무
- 212 세 가지 타입의 정원을 소유한 입체적인 2세대 주택
  무라타 곤

- 218 저자 프로필

 시선

 동선

 통풍

☀ 채광

ARCHITECT'S EYE
각각의 프로젝트마다 감수를 담당했던
저자가 전하는 코멘트

CHAPTER

1

집의 형태

SHAPE
형태

SHAPE
형태

집의 형태를 결정짓는
입지와 건축주

집을 지을 때 건축가가 최우선으로 고려할 점은 무엇일까. 입지 조건과 건축주의 라이프스타일(차후의 변동사항까지 포함), 요구 조건(잠재적인 사항 포함)을 파악해 실거주자가 쾌적하고 만족스럽게 지내도록 만드는 것이다.

대지의 특성을 파악하려면 집터를 비롯해 주변에 들어선 주택들의 상태, 인접한 공원이나 녹지, 강, 길 등 전체적인 환경, 토지가 지닌 특징과 지역의 기후 조건까지 다방면으로 꼼꼼히 조사해야 한다.

건축주에 대해서도 마찬가지다. 가족 구성원, 생활 습관, 취미, 인테리어 취향, 앞으로 계획 등 갖가지 조건을 미리 인지한 뒤 대지와 건축주의 특성을 토대로 집의 형태를 만들어나간다.

입지와 건축주의 상황은 천차만별이다. 따라서 두 가지 조건에 부합한 최적의 집을 만들면, 세상에서 단 하나뿐인 특별한 집이 탄생하게 된다. 더욱 풍요로운 삶을 바라는 사람들이 공동주택의 편리함을 버리고 자신만의 집짓기를 꿈꾸는 이유도 여기에 있으리라.

이 장에서는 입지와 건축주라는 두 가지 요소를 훌륭하게 충족시킨 사례를 소개한다. 주방과 거실, 침실 등 세부 공간은 뒤에 자세히 설명하기로 하고 먼저 건물의 전체적인 형태에 대해 알아보자.

1 집의 형태

CHAPTER 1

주변 환경을 고려해 탄생한 담장

건물 본채와 담장의 마감에 변화를 주어 시각적 재미를 부여했다. 담장은 외부 시선을 차단하는 기능과 더불어 심미적 기능까지 충족한다.

ARCHITECT'S EYE
사생활 보호와 조망을 동시에 확보한 설계. 집의 형태에는 반드시 숨은 의미가 있다.
(하세베)

전면도로 건너편에 펼쳐진 녹지 방향으로 집을 개방하고, 도로 쪽 시선을 차단하고자 담장을 세웠다. 녹지 뒤편에 자리한 2층짜리 어린이회관에서 집 안으로 시선이 닿는 부분에 담장을 뾰족하게 높였더니, 의도치 않게 본체 지붕 형태가 되어 재미있는 통일감이 생겼다.

남쪽의 낮은 담장은 외부 시선을 가리면서도 채광을 방해하지 않는 2m 높이로 설계했다.

POINT:
대지의 주변 환경을 인접한 공간보다 확장된 범위로 인식해 형태를 결정한다.

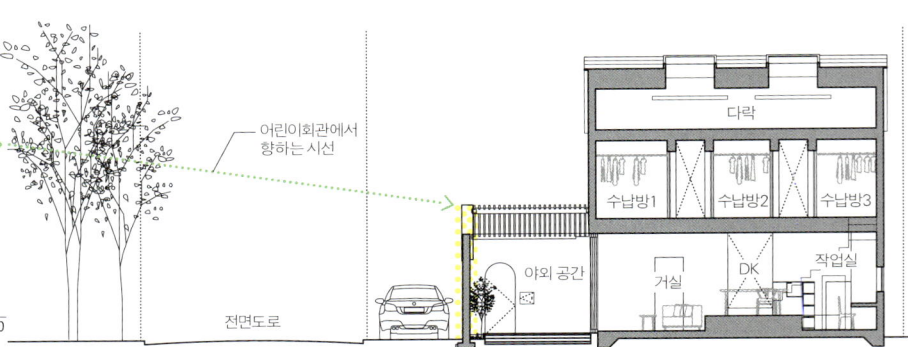

*DK(Dining, Kitchen의 약자로 식당과 주방이 통합된 공간-역주)

CHAPTER 1

공간을 겹쳐 하늘과 풍경을 얻다

비탈길 대지에 세운 주택으로 경사 방향으로 탁 트인 전망을 볼 수 있다. 안쪽에 배치한 작업실에서도 경치를 즐기도록 LDK 개구부 위치를 조정했다. 집에서 가장 높은 곳에 있는 작업실 고정창을 통해 펼쳐진 시원한 전망을 만끽한다.

고정창 너머 LDK 개구부를 통해 탁 트인 경치를 바라본다.
*LDK(Living·Dining·Kitchen의 약자로 거실·식당·주방이 통합된 공간-역주)

ARCHITECT'S EYE
시선을 확장해 공간에 개방감을 부여했다. (하세베)

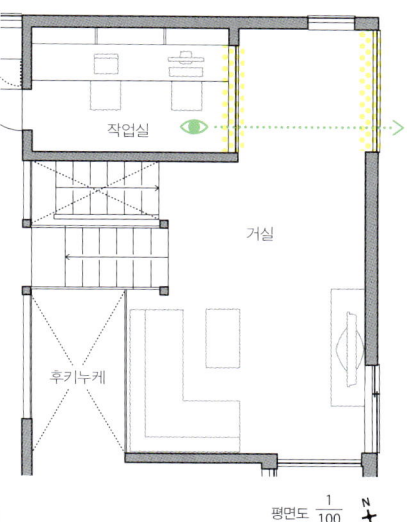

평면도 1/100

작업실 개구부는 전망대처럼 꾸몄다.

POINT: 구석진 방이라도 다양한 아이디어로 개방감 있는 연출이 가능하다.

*후키누케: 건물 내부에 천장이나 마루를 두지 않고 위아래를 뚫은 공간-역주

CHAPTER 1

대담한 전면 창

집의 형태

SHAPE | 형태

큼지막한 창에서 쏟아지는 빛이 어둠을 환하게 밝힌다

대지 북동쪽의 공원에 심어진 나무들과 남동쪽의 낭떠러지를 감싸는 풍성한 수풀을 감상할 수 있도록 그 방향으로 커다란 전면 창을 만들었다.
비용 절감을 고려한 아이디어로 대담한 모습의 건물 형태가 완성되었다.

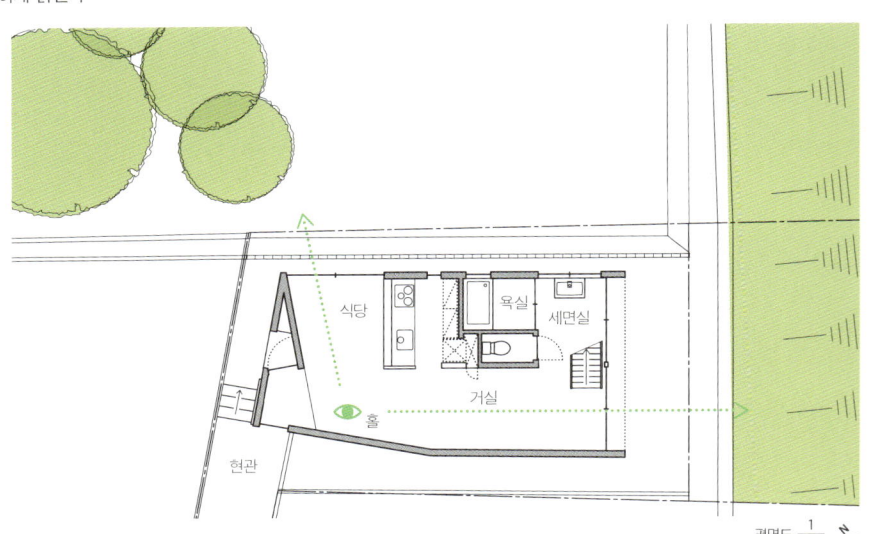

평면도 1/200

POINT: 커다란 전면 창은 공원과 낭떠러지의 수풀을 향해 나 있다

CHAPTER 1

도로 경사면을 활용한 설계

경사진 도로에 면한 집은 공간 낭비가 커서 배치가 상당히 까다롭다. 그렇다면 과감하게 경사면을 대지의 일부로 활용해보는 건 어떨까. 여기서는 주차공간을 포함해 단거리에 1층까지 진입할 수 있게 설계했다.

POINT:
짧은 경사면을 가로질러 현관의 포치에 도달한다

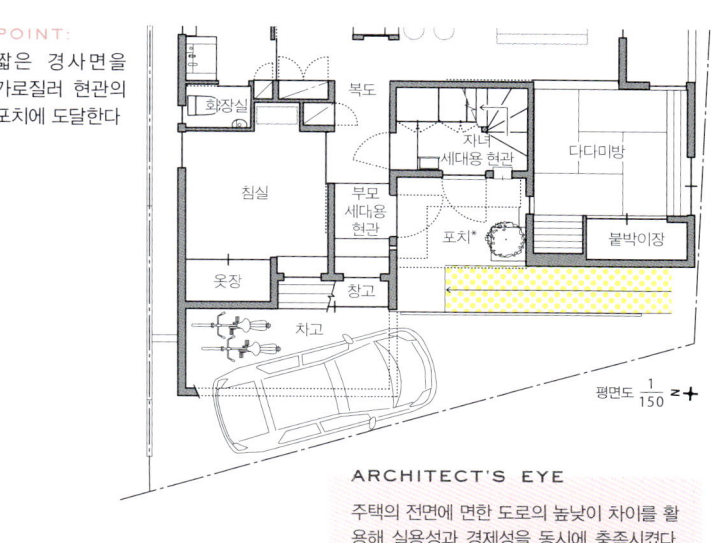

ARCHITECT'S EYE

주택의 전면에 면한 도로의 높낮이 차이를 활용해 실용성과 경제성을 동시에 충족시켰다. 대지 면적이 점하는 지반에 대한 특성을 주택의 설계에 알차게 이용한 예. (하세베)

도로 경사라는 악조건을 역으로 이용해 만족스러운 결과를 낸 아이디어

1 집의 형태

SHAPE | 형태

CHAPTER 1

도로면에 인접한 협소지의 설계

협소한 대지의 경우, 도로에서 건물의 출입구까지 충분한 거리와 공간을 확보하기가 어렵다. 이때, 출입구를 도로의 정면이 아닌 측면으로 내면 문제가 의외로 간단히 해결된다.

2세대가 되면 조건은 한층 까다로워지기 마련. 여기서는 입구 쪽에 차양의 존재감을 부각시켜 입구에 대한 인상을 덜어냈다. 거리 문제를 심리적으로 완화한 사례

ARCHITECT'S EYE
도로 면에서 한 번 돌아가는 곳에 출입구를 만들어 공간 효율성을 높이고 심리적인 완충지대를 만들었다. (하세베)

도로에서 한걸음 들어간 측면에 현관을 배치했다

다소 썰렁해 보일 수 있는 두 개의 출입문 위에 존재감 있는 차양을 달아 시선을 분산시켰다

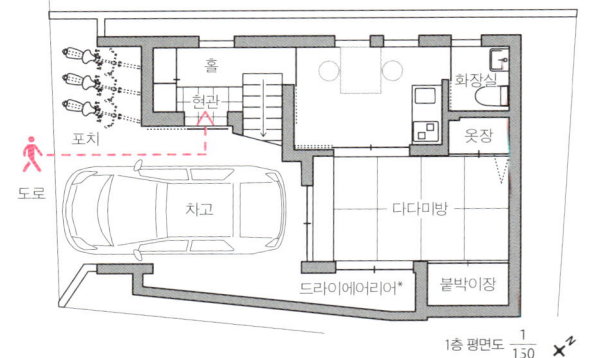

1층 평면도 $\frac{1}{150}$

POINT: 주차 공간과 입구를 공용으로 설계해 공간 활용도를 높였다

CHAPTER 1

주변에 위압감을 주지 않는 입체적인 배치

1 집의 형태

SHAPE | 형태

주거 밀집지에 세운 3층 협소주택. 꼭대기 층을 대지 중앙에 배치해 도로면에서는 2층 건물처럼 보인다. 덕분에 주변에 주는 시각적 압박감을 덜어냈다.

테라스를 둘러싼 벽으로 3층이 가려져 도로 쪽에서는 2층짜리 건물로 보인다.

2층 양쪽에 테라스를 만들어 협소한 공간에 여유를 확보했다.

POINT:
입체적이지만 주변에 압박감을 주지 않는 형태로 설계했다.

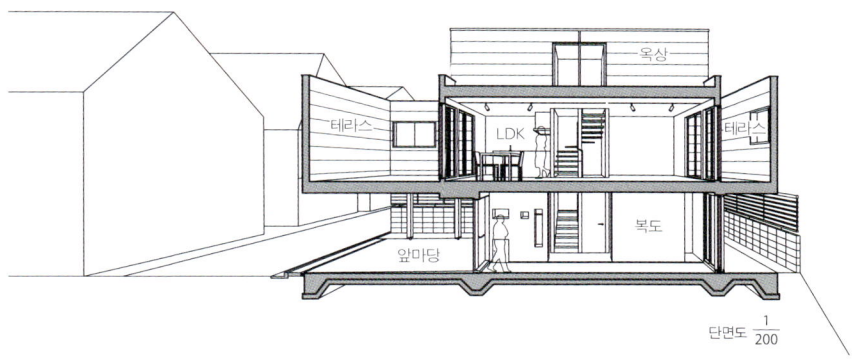

단면도 $\frac{1}{200}$

상점가와 모퉁이를 향해 닫고 골목길을 향해 열다

CHAPTER 1

집의 형태 | SHAPE | 형태

건축주는 오랜 가업을 정리한 부모님과 함께 살기 위해 상점이 즐비한 지역에 2세대 주택을 새롭게 지었다. 건축가는 건축주의 요청에 따라, 통행인과 차량이 많고 3층짜리 건물들이 줄줄이 이어진 상점가 방향으로는 닫히고, 한적한 주택지가 펼쳐지는 골목길로는 열린 구조로 설계했다.

1층에 거주하는 부모 세대는 오랫동안 알고 지낸 주변 이웃들과 자주 왕래하므로 남쪽 골목길에 만든 중정(집 안에 있는 마당-역주)을 만남의 장으로 사용한다. 상점가 쪽에서 햇빛을 받기는 어려운 구조라 저층 주택지가 펼쳐진 남서부 쪽의 햇빛을 1층 안쪽까지 들이기 위해 중정 서쪽의 2층은 높이를 낮추었다.

상점가 쪽은 완전히 막은 인상

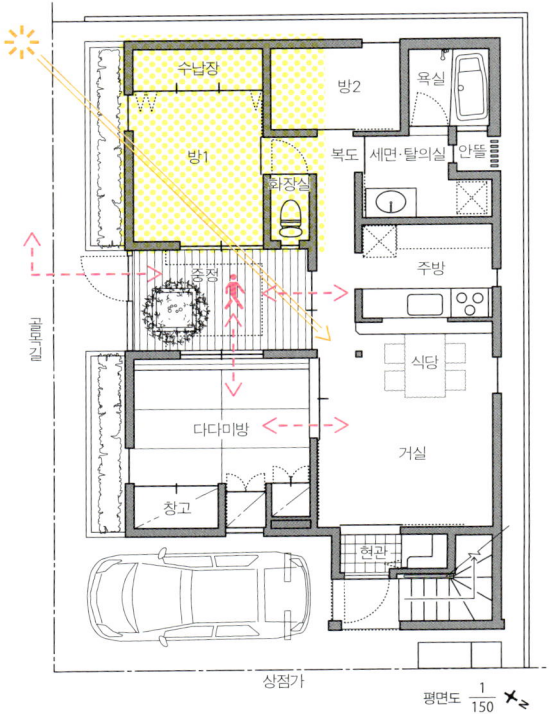

POINT: 세 개의 공간이 중정을 감싸는 1층 평면도

골목길을 향해 열린 중정은 손님을 맞이하는 접대 공간으로 요긴하게 활용된다

ARCHITECT'S EYE

채광이나 고요함은 가족이 쾌적하게 사는 데 주요한 요소다. 그렇다고 정든 이웃과의 교류도 포기할 순 없는 노릇. 여기서는 공간의 적극적인 배치와 중정을 통해 쾌적한 주거 환경과 이웃 간 커뮤니티라는 두 마리 토끼를 잡는 데 성공했다. (하세베)

CHAPTER 1

한 계단 높이를 낮춘 현관

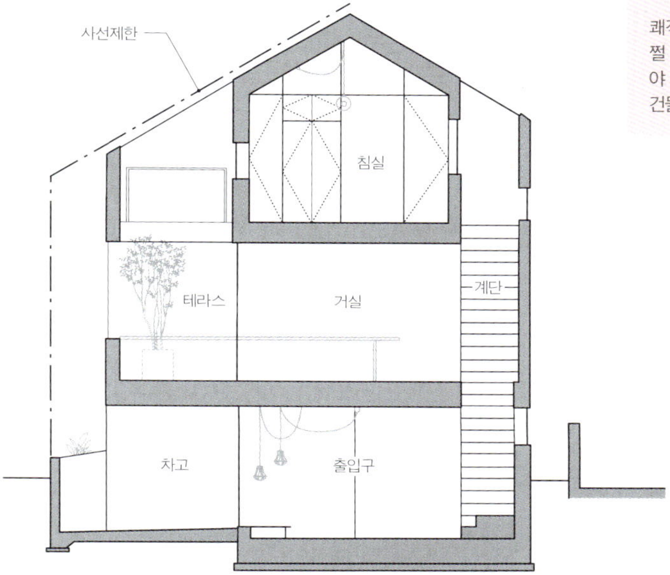

ARCHITECT'S EYE

쾌적한 거리 형성을 위해 건축물의 높이를 제한하는 것은 어쩔 수 없지만, 그렇다고 거주자가 좁고 불편한 생활을 감내해야 한다면 곤란한 일이다. 여기서는 '지반면 파내기'를 통해 건물의 사선제한을 효과적으로 보완했다. (하세베)

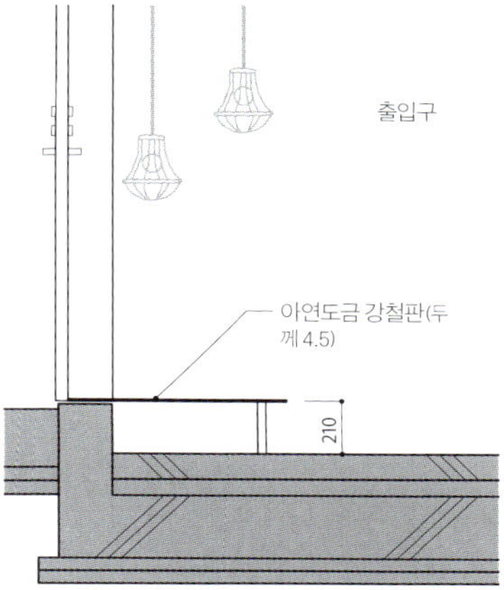

단면도 1/120

POINT 1 :
건물의 높이가 규제되는 경우 각층 천장의 높이가 낮아져 답답함을 느낄 수 있다

단면도 1/40

POINT 2 :
신발장 공간보다 210mm 낮은 출입구. 덕분에 최하층의 천장 높이가 충분히 확보되었다

오른편의 실내로 들어오기 전, 올록볼록한 아연도금 강철판에서 신발의 모래나 먼지를 털어낸다

주택을 신축할 때 해당 장소의 사선제한(도시 환경과 일조권을 확보하기 위해 일정한 경계선에서 그은 사선 이내로 건축물의 높이를 규제하는 법률-역주)이 엄격한 경우, 최하층의 마루를 지반면보다 다소 낮추면 최하층의 천장 높이를 어느 정도 확보할 수 있다.

CHAPTER 1

단차를 활용해 건물을 분산시키다

남북이 각각 도로에 인접하고 4m가량 단차(높이차)가 있는 대지에 세운 2세대 주택. 남쪽과 북쪽으로 이어지는 통로를 만들고 단차를 해소하기 위해, 건물을 분산·배치했다. 덕분에 대지 내부에 유기적으로 외부와 이어지는 연결 공간이 탄생했다.

ARCHITECT'S EYE
대지의 특성을 십분 활용한 설계. 각각의 건물 사이에 자리 잡은 골목 같은 공간에서 가족 간 따스한 교감이 이루어지리라. (하세베)

POINT:
실내와 실외의 관계성을 고려하면서 외부공간을 다양한 형태로 배치해 통로와 휴식처라는 두 마리 토끼를 잡았다.

건물 간에 연결 공간을 만들어 외부 거리와 연속성을 유지한다

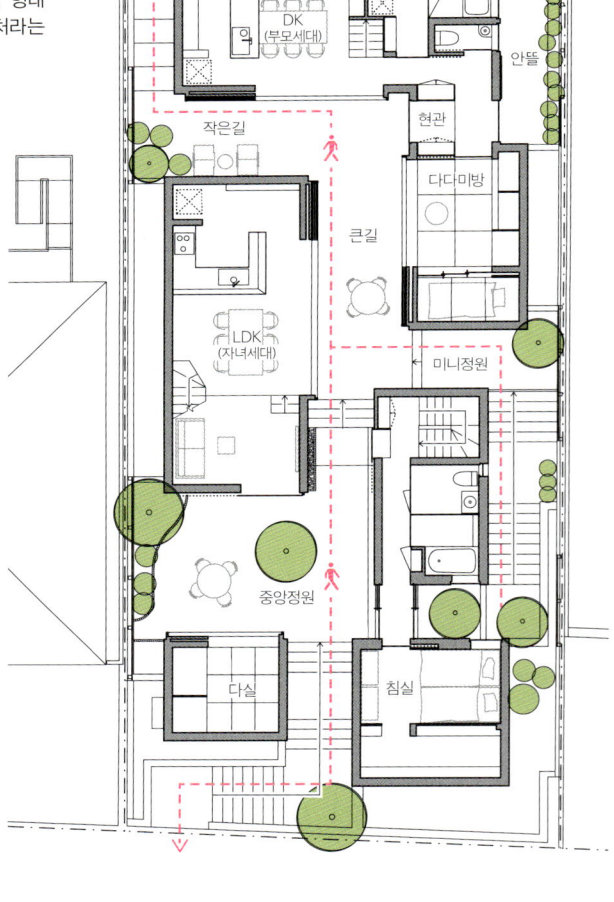

평면도 1/200

CHAPTER 1

유리 지붕과 외벽용 마감으로 야외 같은 내부를 만들다

유리 너머로 보이는 청량한 하늘과 외벽처럼 보이는 벽면이 마치 시원한 바람이 부는 야외에 나온 것 같은 느낌을 준다

푸른 하늘이 올려다보이는 톱라이트(천장에 낸 창-역주)와 외벽용 리신으로 마감한 실내 벽이 시원한 개방감을 선사한다. 외부용 스포트라이트와 스테인리스 창틀이 모던한 심플함을 더한다.

ARCHITECT'S EYE
날씨 좋은 날에는 근처 공원으로 소풍이라도 가고 싶어진다. 자연을 만끽하며 답답한 가슴을 시원하게 틔워주고 싶지만, 마냥 야외에서 뒹굴 수는 없는 노릇. 이 주택은 야외에 나온 듯한 개방감과 은신처 같은 아늑함을 동시에 선사한다. (하세베)

POINT:
천창에서 쏟아지는 햇빛은 유리 층계참과 계단 틈새를 통과해 아래층까지 닿는다

석양이 지기 시작하면 내벽에 빛이 반사되어 분위기가 한 층 고조된다

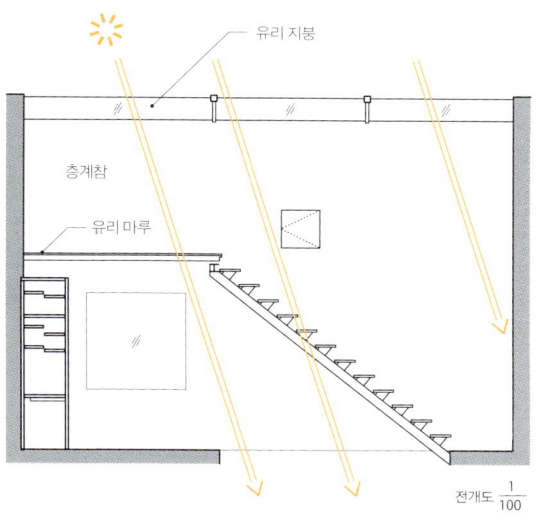

전개도 1/100

CHAPTER 1

서로 다른 천장으로 자연스럽게 공간을 나누다

식당은 조망에 방해가 되지 않도록 심플한 서까래를 지붕에 고정했다.

가족 모두 편안하게 휴식을 취하는 장소(거실)와 식사를 하는 장소(식당)의 천장에 주목해보자. 서로 높이와 마감이 달라 칸막이를 설치하지 않아도 시각적으로 공간이 자연스럽게 구분된다. 아울러 경치가 좋은 방향으로 지붕을 내려서, 시선이 자연스럽게 그쪽을 향한다. 거실은 천장의 지붕 구조를 노출해 시각적 개방감을 높였다.

ARCHITECT'S EYE
공간의 확장성과 기능성을 동시에 확보하는 센스 있는 아이디어(하세베)

POINT:
자칫 단조로워질 수 있는 공간에 마감을 달리해 역동적인 리듬감을 부여한다.

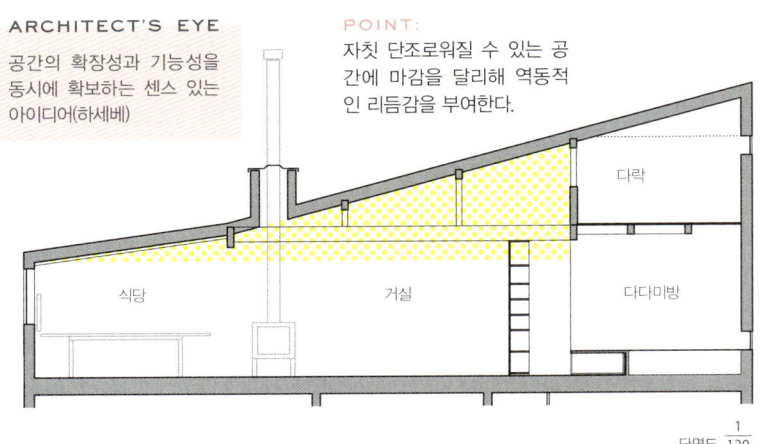

단면도 1/120

CHAPTER 1

엇갈린 공간의 틈새로 채광과 전망을 확보하다

1 집의 형태 | SHAPE | 형태

벽면과 지붕의 높이를 어긋나게 하여 다양한 각도에서 햇빛을 역동적으로 끌어들인다

주택 밀집 지역에서는 대지와 옆집의 벽이 근접한 경우가 많아 개구부를 충분히 확보하기 어렵다. 남북 방향의 좁고 긴 대지에 세워진 이 주택의 경우, 조금씩 벽을 어긋나게 설계해 남쪽의 햇빛을 충분히 확보했다.

ARCHITECT'S EYE

공간을 엇갈리게 해 외벽 면적을 넓히고 틈새에 개구부를 설치하는 공법은 폭이 좁고 깊이가 긴 대지의 단점을 보완해준다. 이 주택은 다채로운 엇갈림에 의해 탄생한 풍부한 전망과 채광, 음영으로 외부와의 독립성과 연속성을 동시에 느낄 수 있도록 설계되었다. (하세베)

옥상 테라스 쪽으로 거실 지붕이 보인다. 주택이 모여 있는 거리에 자리한 자신의 집을 보는 재미가 있다

POINT:
벽을 서로 엇갈리게 만들어 모든 방의 개구부가 정원을 향하게 되었다

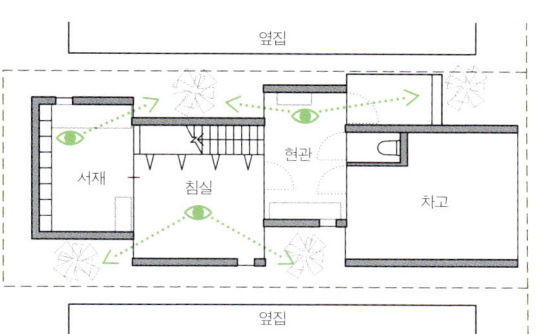

평면도 1/200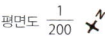

CHAPTER 1

1/4 스킵플로어를 적용한 계단

1/4층만큼 스킵플로어(바닥을 반 층씩 어긋나게 배치한 설계-역주)로 설계해 사선제한이 엄격한 북쪽에 3층 분량을 확보했다. 계단에는 4개의 정사각형 층계참이 있고 각 층계참에서 다른 공간으로 이동할 수 있다.

기능성과 심미성을 두루 갖춘 계단

POINT 1:
2층보다 1/4층만큼 내려간 층계참에서 화장실로 연결된다

POINT 2:
1층보다 1/4층만큼 내려간 층계참에서 욕실로 연결된다

복도가 없어도 이동에 불편이 전혀 없다

단면도 $\frac{1}{150}$

ARCHITECT'S EYE

복도가 불필요한 스킵플로어는 공간을 효율적으로 활용하고 사선제한이 엄격한 협소지에서 마루 면적을 확보하는 데 효과적이다. 또한, 각각의 공간을 벽이 아닌 단차(높이차)로 자연스럽게 구분하므로 각층이 독립적이면서도 유기적으로 연결된다. 건축주가 가족과의 친밀감을 중시하는 경우, 좋은 대안이 될 것이다. (하세베)

CHAPTER 1

비스듬한 천장이 주는 분위기

사선제한에 따라 비스듬하게 지은 천장 옆으로 만든 아늑한 다락방 공간에 카펫을 깔았다. 소리를 흡수하는 카펫은 바닥재로 마감한 거실과 달리 차분한 분위기를 풍긴다.

POINT:
다락방과 1층 사이의 뚫린 공간의 폭은 680mm로 넓지는 않지만, 큼지막한 경사면의 천장과 천창을 공유하는 덕분에 위아래 연속성이 높아진다

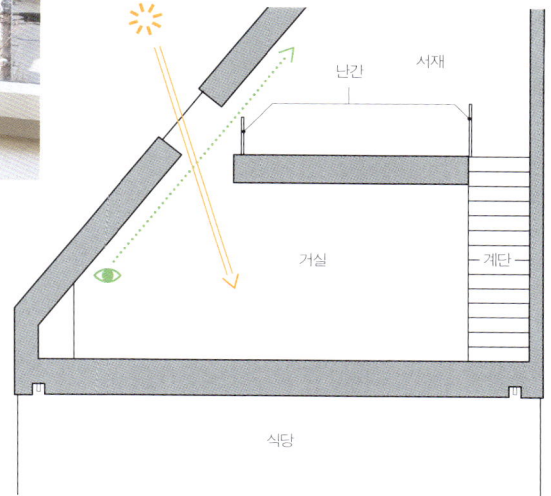

뻥 뚫린 공간을 통해 다락방 서재와 1층 거실이 시각적으로 이어진다

1/150 단면도

ARCHITECT'S EYE

사선제한에 의해 비스듬하게 설계한 건물의 형태를 고스란히 내부 공간에 활용한 예. 최상층은 지붕을 통해 하늘로 뻗어나가 햇빛과 바람이 풍부하게 집 안에 들어온다. (하세베)

날렵한 각도가 단번에 시선을 사로잡는다

CHAPTER 1

2층 거실로 햇빛을 유도하고자 높이를 올린 남서쪽 코너. 입체적이면서도 평면적인 예각으로 부담스러운 두께감이 느껴지지 않는다. 양쪽의 건물들에 가려진 탓에, 도로에서 봤을 때 집의 존재감이 크지 않지만 뾰족하게 솟은 예각 모양이 경쾌한 첫인상을 안겨준다.

모서리를 직각보다 작은 예각으로 설계해 경쾌하고 날렵한 분위기를 풍긴다.

POINT:
하이사이드 라이트(지붕면에 낸 창–역주)를 서북쪽으로 설치해 부드러운 햇빛을 집 안에 들인다.

ARCHITECT'S EYE
촉수처럼 뻗은 벽이 인상적인 형태로 완성되었는데, 내부 공간의 기능성을 고려한 결과로 보인다. (하세베)

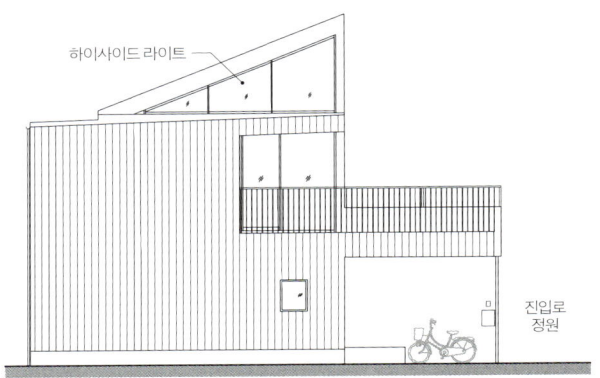
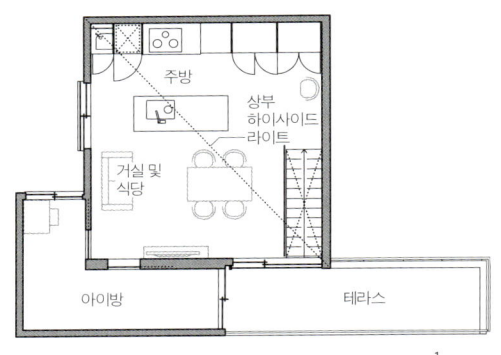

CHAPTER 1

명암의 차이가 공간에 깊이감을 부여한다

1 집의 형태 | SHAPE | 형태

명암의 차이로 공간에 깊이감이 생긴다

단차와 명암으로 공간을 구분한다

ARCHITECT'S EYE

그저 밝기만 하다고 쾌적한 공간이 되는 건 아니다. 의도적으로 '어둠'을 창조해 공간에 풍요로운 입체감을 살린 예. (하세베)

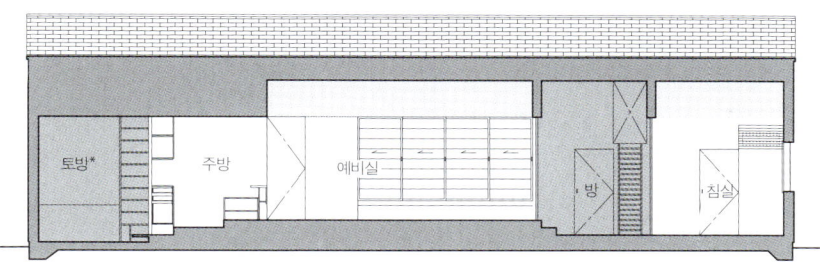

단면도 1/150

POINT 1:
명암을 교차시켜 공간에 깊이감을 더한다

POINT 2:
바닥과 천장의 높이차로 인해 공간이 한층 역동적으로 보인다

밝은 방과 어두운 방을 교차시켜 명암의 변화를 연속시키자 공간에 깊이감이 생겼다. 바닥과 천장의 높이 변화가 공간을 다이나믹하게 하고 한층 풍부한 표정을 갖게 한다.

23

CHAPTER 1

반복에 의해 깊이감을 연출하다

문의 위치를 나란히 이으면 연속되는 반복으로 공간에 깊이감이 생긴다. 벽면에 매입시킨 미닫이문은 시각적인 개방감을 부여하고 깔끔한 인상을 준다. 더욱이 문 위치를 나란히 하면 통풍 효과도 좋아지니 그야말로 일석이조.

ARCHITECT'S EYE

미술에서 아름다움의 구성요소 중 하나인 '반복 효과'는 집짓기에서도 고스란히 활용할 수 있다. 여기서는 단순히 심미적 기능에 그치지 않고 미닫이 형식으로 설계해 통풍 효과까지 고려했다. (하세베)

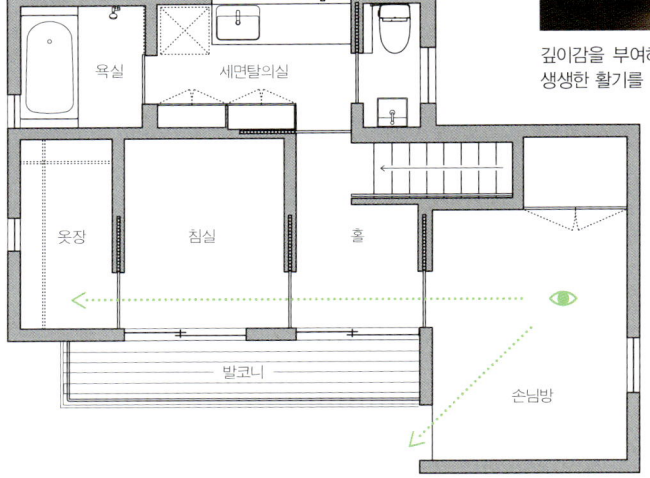

깊이감을 부여하는 반복적인 개구부 설계. 창밖으로 보이는 싱그러운 초목이 공간에 생생한 활기를 더한다

POINT 1:
문의 위치를 나란히 배열하면 반복에 의한 공간의 깊이감이 생긴다

POINT 2:
내부로 향하는 시선과 외부로 향하는 시선이 나란해지게 만들면 공간이 넓어 보이는 착시 현상이 생긴다

평면도 1/100

CHAPTER 1

생활 공간으로 요긴하게 활용되는 툇마루

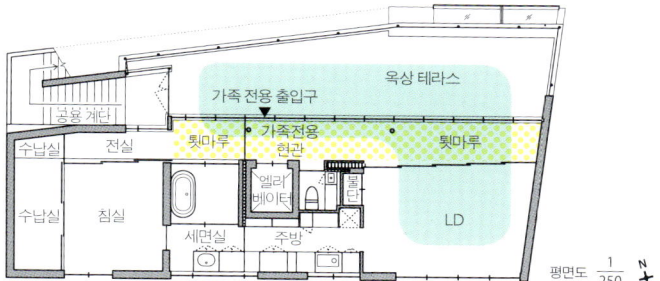

옥상 테라스와 거실 사이에 툇마루를 설계했다.
툇마루와 거실 사이에 있는 장지문을 열어두면 거실과 옥상 테라스는 하나의 공간이 된다.

POINT:
옥외 테라스와 거실을 툇마루로 연결해 공간에 개방감을 부여하고 툇마루를 실내 공간으로 끌어들였다

툇마루를 기준으로 왼쪽이 거실, 오른쪽이 옥상 테라스

장지문을 열면 거실과 옥상 테라스가 하나가 된다

장지문을 닫으면 실내의 은은한 불빛이 아늑한 운치를 더한다

1 집의 형태 | SHAPE | 형태

CHAPTER 1

대형 원룸에 발랄한 변화를 부여하다

지붕과 벽의 굴절로 생긴 음각이 공간을 풍부하게 만든다

직각보다 큰 둔각으로 기울어진 평면이 공간에 역동성을 부여한다

ARCHITECT'S EYE
다양한 단차와 벽의 굴절을 통해 밋밋한 원룸 공간에 풍부한 표정을 입혔다. (하세베)

큼지막한 원룸은 취향에 따라 공간을 자유롭게 배치할 수 있지만, 자칫 단조로운 표정이 되기 쉽다.
다양한 높이의 바닥과 둔각으로 굽어진 벽면, 변화무쌍한 음영이 원룸의 공간에 다채로운 실루엣을 연출하며 공간을 한층 풍부하게 만든다.

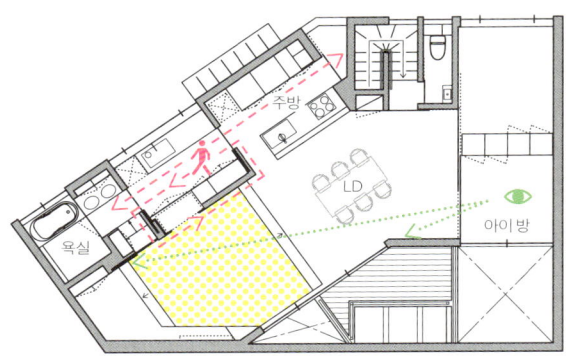

평면도 1/200

POINT 1:
둔각의 굴절된 공간이 리드미컬한 입체감을 선사한다

POINT 2:
물 쓰는 곳에 배치한 '직선과 순환'의 두 가지 동선이 가사의 효율성을 높인다

CHAPTER 1

수납실을 중앙에 배치해 가변성을 높이다

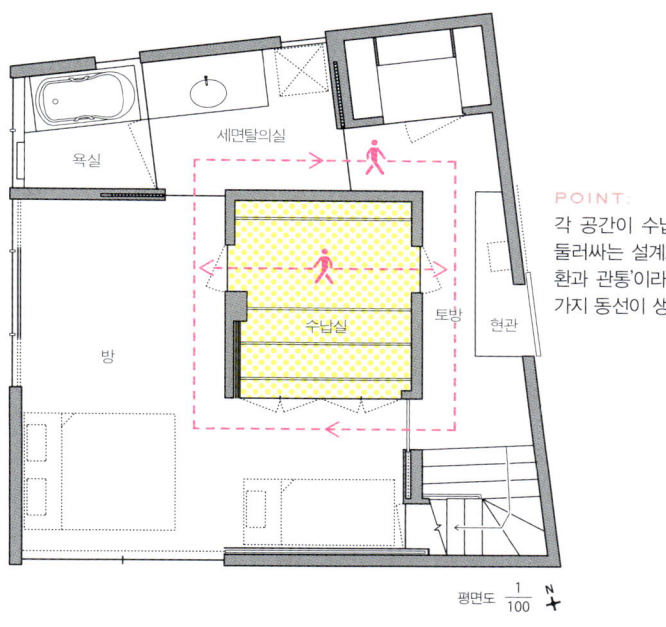

POINT:
각 공간이 수납실을 둘러싸는 설계로 '순환과 관통'이라는 두 가지 동선이 생겼다

평면도 1/100

살림살이는 살면서 늘어나기 마련이다. 그러므로 처음부터 수납공간을 여유롭게 설계해야 언제나 집 안을 깨끗하게 유지할 수 있다. 여기서는 수납실을 과감하게 중앙에 배치하고 그 주변을 감싸듯이 현관과 세면탈의실, L자형 방을 연속적으로 배치했다.
또한 수납실에 내부통로-현관-세면탈의실로 향하는 세 가지 접근로를 확보해 동선의 효율성을 높였다.

ARCHITECT'S EYE

수납공간은 벽에 있다는 편견을 깬 설계. 수납실을 집의 중앙부에 과감히 배치해 부드러운 동선을 이루는 순환식 구조를 만들었다. (하세베)

수납실을 중앙에 배치해 공간에 자유로움과 역동성을 불어넣었다

1 집의 형태 | SHAPE | 형태

CHAPTER 1

주변 환경과 조화를 이루는 집 형태

강 건너편에서 바라본 모습. 건물을 들어 올리는 아래 기둥을 하얀 금속판으로 설계했다.
덕분에 바닥에서 뚫린 부분이 가로로 길쭉한 창문처럼 보이는 착시 효과를 준다.

스와호(나가노현에 있는 호수-역주) 근처 강변에 있는 주택. 조망과 개방감을 확보하고자 주거 공간을 대지에서 둑보다 높게 들어 올렸다. 지반면과 주택의 접촉면을 최대한 간소화시켜 주택 하부에 통풍을 원활히 하고 지반면 환경도 보호한다.

POINT:
주거 공간을 지반면에서 위로 들어 올려 둑으로 막힐 뻔한 조망과 통풍, 채광을 동시에 해결했다. 창문을 통해 탁 트인 강과 산의 전경을 만끽한다.

집 모양 건물을 들어 올려 지반면을 노출해 강변과 도로를 연결한다.

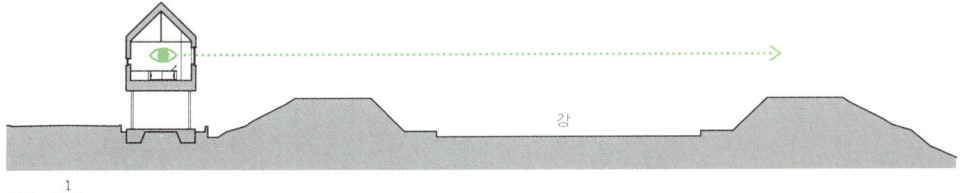

단면도 1/400

CHAPTER 1

다각도로 비추는 햇빛이 공간에 다양한 표정을 연출한다

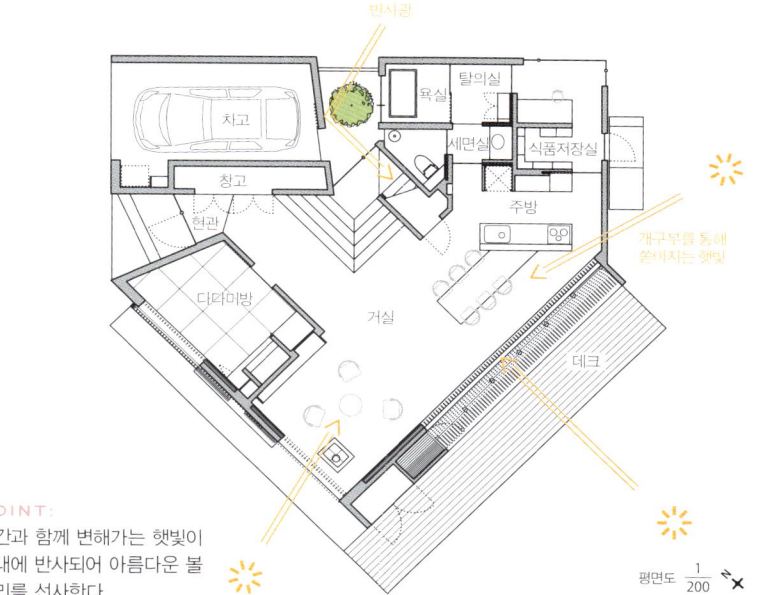

ARCHITECT'S EYE

사방에서 들어오는 햇빛을 보노라면 건축물이 생명을 얻어 태양을 쫓아가는 것 같은 착각이 든다. 집 안에서 시시각각 변하는 햇빛의 실루엣을 느끼며 보내는 일상은 얼마나 행복할까. (하세베)

부드럽게 이동하는 햇빛이 다각도로 실내에 내비친다. 시간의 흐름에 따른 오묘한 빛의 변화가 삶을 더욱 풍요롭게 만든다.

POINT:
시간과 함께 변해가는 햇빛이 실내에 반사되어 아름다운 볼거리를 선사한다

다양한 방향의 개구부에서 들어오는 자연광이 실내 공간을 더욱 풍요롭게 만든다

1 집의 형태 | SHAPE

CHAPTER 1

대지의 특수성을 고스란히 살린 건물

교차로에 면한 뾰족한 건물의 모습

도로 모퉁이를 따라 뾰족하게 잘려나간 대지의 형태를 고스란히 살린 건물.
건물 이용자들이 오르내리는 계단을 효율적으로 배치해 한정된 공간을 짜임새 있게 활용하도록 했다.

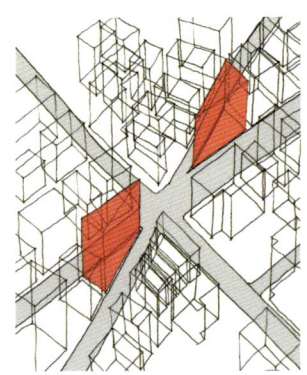

교차로에 면한 뾰족한 건물의 모습

2층과 3층 각각에 직통 계단을 만들었다

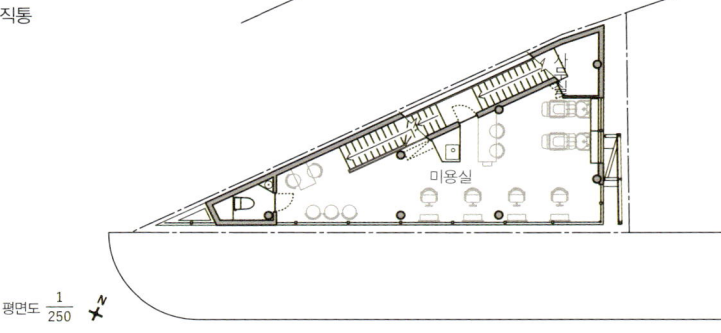

평면도 $\frac{1}{250}$

POINT: 대지 형태를 고스란히 반영한 평면도

CHAPTER 1

협소한 경사면을 장점으로 살려내다

마루 단차를 만들어 하단에서 빛이 들어오도록 했다

ARCHITECT'S EYE
부챗살 모양의 대지를 살리고 단차를 가미해 공간에 풍부한 입체감을 부여했다. (하세베)

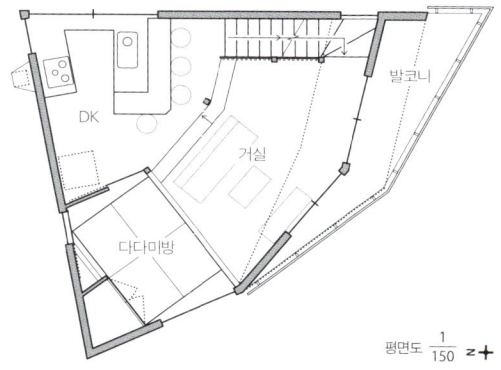

평면도 $\frac{1}{150}$

POINT: 독특한 대지 형태를 반영한 평면도

부채의 손잡이 부분에 해당하는 DK에서 거실로 연결되는 2층 공간

부챗살 모양의 협소한 대지에 설계한 주거 공간. 마루의 높이를 대지 경사면에 맞추어 잔토처리(굴착으로 발생한 불필요한 사토를 토사장에 운반하는 일·역주) 등 기초공사 비용을 절감했다. 그 결과로 생긴 마루 단차를 이용해 1층에 채광을 확보하는 등 대지가 가진 단점을 활용해 기능성을 살렸다.

CHAPTER 1

인접지를 직접 개방하지 않아도 얻어지는 풍요

ARCHITECT'S EYE

공원 쪽에는 개구부를 피하고 진정한 의미의 개방성을 획득했다. (하세베)

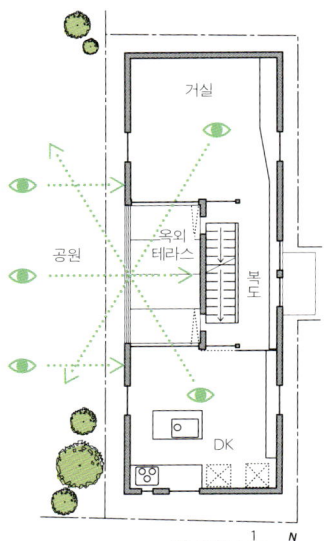

POINT:
대형 개구부는 옥외 테라스에 면해 설계했다

옥외 테라스에 면한 탁 트인 대형 창을 통해 공원의 녹음을 끌어들인 거실

공원 쪽의 시선을 차단해 프라이버시를 확보했다

서쪽의 공원을 끼고 공동주택의 발코니들을 마주 보는 대지. 공원의 녹지를 집 안에 들이기 위해 서쪽으로 커다란 개구부를 설계하는 게 적절해 보이지만, 그렇게 되면 공원을 오가는 사람들의 시선 때문에 항시 블라인드나 커튼을 치고 있어야 한다.
큰 창을 내도 사생활 보호를 위해 가려야 한다면 무용지물일 뿐이다. 고심 끝에 서쪽에는 환기용의 조그만 개구부만 만들고 각 층은 옥외 테라스를 향해 커다란 개구부를 놓았다. 그 결과, 외부의 시야를 신경 쓰지 않고도 싱그러운 자연을 집 안에 들이는 개방적인 구조가 되었다.

CHAPTER 1

연속적으로 이어지는 고창

사선제한의 영향이 느껴지지 않는 반듯한 건물 외관

주거 밀집 지역에서 사생활 보호와 채광이라는 두 가지 문제를 해결하기 위해 2층 거실의 천장을 높이고 주변에 고창을 설치했다.
사선제한의 영향을 최대한 받지 않도록 건물 외관을 설계해 고창이 연속적으로 매끄럽게 이어지도록 했다.

상부 테두리에 길게 이어진 고창. 외부 시선을 막아주면서 자연광을 풍부하게 실내에 들인다

CHAPTER 1

계단 상부에 만든 개구부에서 충분한 햇빛이 들어온다

이웃집이 위치한 남쪽에 탁 트인 여유 공간을 만들고 상부에 큼지막한 개구부를 설치해 1층 북쪽까지 햇살이 가득 들어온다. 2층은 북쪽에 있는 방문을 천장까지 닿는 미닫이문으로 만들어 밝고 개방적인 공간으로 설계했다.

ARCHITECT'S EYE
1층과 2층의 계단 쪽으로 천장을 뚫어 남쪽에 완충지대를 만들었다. 덕분에 이웃집과의 적당한 거리감과 채광을 동시에 해결했다. (하세베)

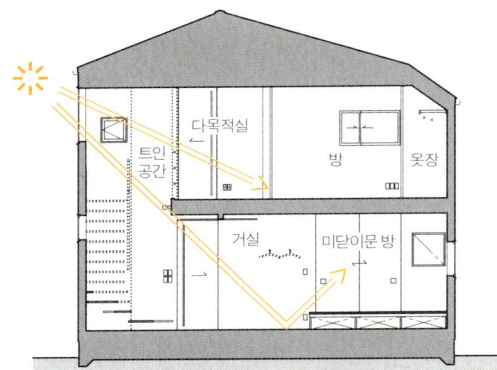

POINT: 남쪽의 상부 개구부를 통해 집 안 전체에 풍부한 햇살이 쏟아진다

단면도 1/150

북쪽 방. 미닫이문을 열어두면 홀과 하나의 공간처럼 연결되어 넓어 보인다

계단실 상부의 개구부로 빛을 끌어들인다

CHAPTER 1

시선과 풍경을 조절하다

산과 맞닿는 대지에 세워진 주택. 주변의 울창한 녹지를 향해 큼지막한 개구부를 내었다. 징두리 벽을 대어 대지 서쪽에 인접한 아파트는 가리고 푸른 하늘만 보이도록 했다.

개구부를 통해 초목과 하늘을 실내에 들이고 하부에 만든 징두리 벽(실내 벽면의 하부에 판자를 붙여 마무리한 벽–역주)으로 외부 시선을 차단했다

개구부로 시야가 조절되어 공간이 마치 울창한 숲속에 파묻힌 듯한 착시현상을 일으킨다

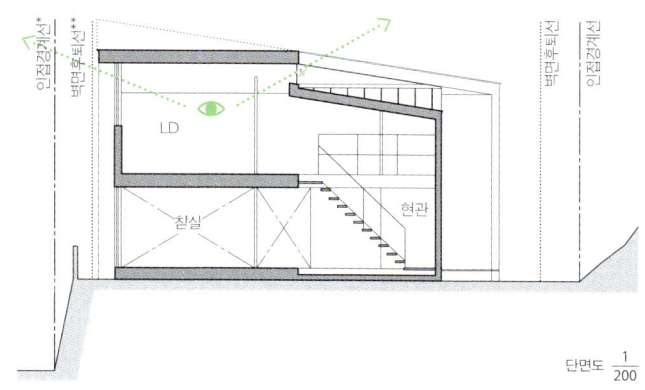

단면도 1/200

CHAPTER 1

옆벽을 통해 외부 경치를 실내에 담다

주거 밀집지에 건물을 세울 때 옆집이 근접한 경우, 옆집의 벽 사이에 충분한 공간을 확보하기 어렵다. 그렇다면 함께 벽을 세워 차단하기보다 옆집 벽면의 질감이나 이쪽 건물 개구부의 크기 및 위치를 파악해 서로 프라이버시를 보호하면서도 개방감을 주는 방식을 고민해보자.
여기서는 옆집의 벽과 수직 방향으로 창을 내어 옆집의 갈바륨강판 벽면이 외부 경치처럼 보이도록 설계했다.

오른쪽이 거실, 왼쪽이 주방이다. 벽과 천장의 엇갈림으로 식당에 독립성을 부여했다.

POINT:
옆집 외벽에서 수직 방향으로 창을 냈다.

ARCHITECT'S EYE
일반적으로 건물 중앙부는 외부와 관계성을 확보하기 어려운데 효과적인 아이디어를 반영해 주변 환경을 조화롭게 내부에 들였다. (하세베)

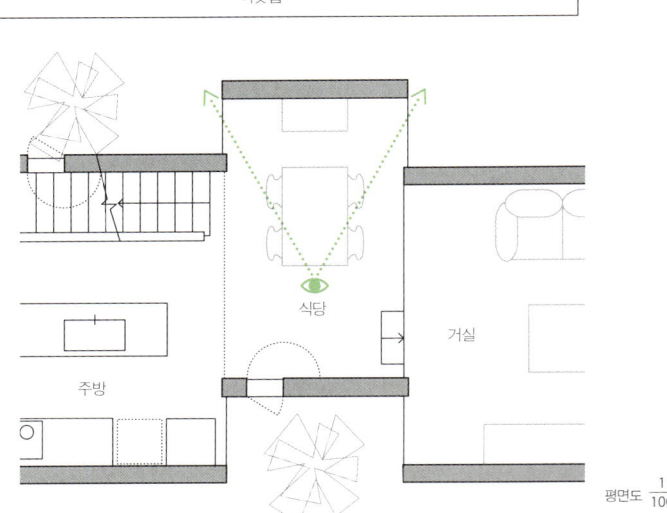

평면도 1/100

CHAPTER 1

하얀 벽면을 따라 경쾌하게 비치는 햇살

단면도 1/250

지붕을 올려 옆집을 가리고 하늘만 보이도록 했다

경사진 지붕을 설치해 북쪽에 인접한 이웃집의 시선을 차단했기 때문에 정원에서는 하늘만 보인다. 지붕 꼭대기에는 톱라이트를 달아 하얀 벽면을 따라 햇빛이 역동적으로 흘러내려 공간에 입체감을 부여하도록 했다.

톱라이트를 통해 쏟아지는 햇살이 벽면을 따라 기하학적 무늬를 연출한다

CHAPTER 1

하늘의 전망과 채광을 선사하는 톱라이트

ARCHITECT'S EYE

각 방의 출입문 상부에 유리창을 달아 방에서도 하늘이 보인다. 지붕의 형상도 그대로 전해져 가족들이 자신만의 방에 있어도 같은 지붕 아래 머무르고 있다는 유대감을 느낄 수 있다. (하세베)

지붕을 지탱하는 기둥이 자리한 홀을 중심으로 각 방이 위치한 주택. 홀에는 톱라이트를 설치했다.

톱라이트를 과도하게 설치하면 강렬한 햇볕이 고스란히 내리쬐어 실내 온도가 지나치게 높아지는 원인이 된다. 여기서는 집의 북쪽에만 톱라이트를 설치해 온도 상승을 최대한 억제했다.

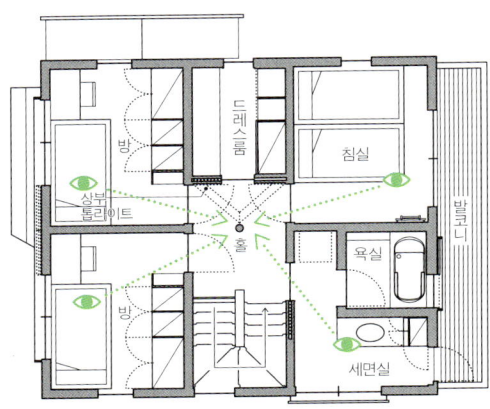

POINT1:
홀 상부에 톱라이트를 설치해 늘 밝은 빛이 들어오도록 했다

POINT2:
뜨거운 열기를 외부로 배출하기 위해 환풍구를 톱라이트 바로 아래 설치했다. 환풍구는 나무 테두리 안에 매입해 눈에 띄지 않는다

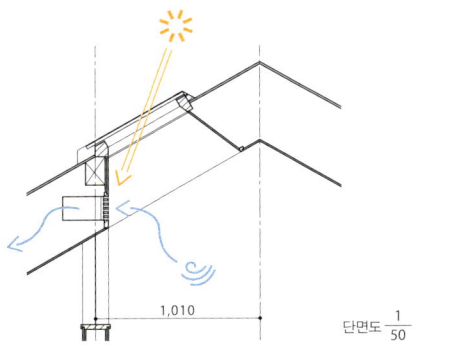

POINT3:
지나친 실내기온의 상승을 방지하려면 톱라이트는 가급적 북쪽에 설치하는 것이 바람직하다

POINT4:
뜨거운 열기를 외부로 배출하기 위해 환풍구를 톱라이트 바로 아래 설치했다. 환풍구는 나무 테두리 안에 매입해 눈에 띄지 않는다

지붕 형태에 맞춘 톱라이트는 지붕의 재료인 금속판과 함께 특수 제작했다

CHAPTER 1

프라이버시와 채광을 동시에 해결한 스킵플로어

스킵플로어를 만들어 공간을 유기적으로 연결하고 남쪽으로 접한 이웃집의 시선을 효과적으로 차단했다. 프라이버시가 확보되니 유리창을 설치한 욕실에서 눈부신 햇살을 받으며 여유로운 시간을 보낼 수 있다.

거실로 쏟아지는 햇살이 스킵플로어를 통해 아래층까지 고스란히 전해진다

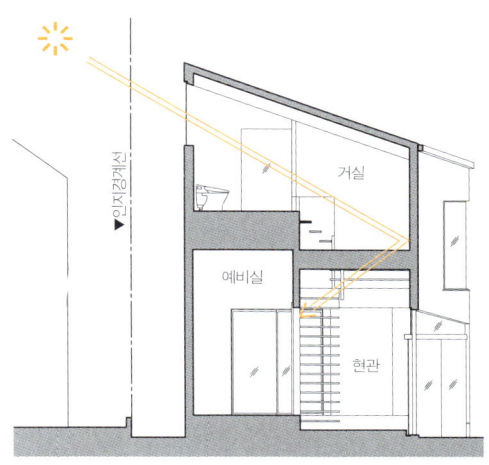

단면도 1/150

CHAPTER 1

화이트 공간 속에서 존재감을 발하는 블랙

건물 내부는 깔끔한 화이트로 꾸미고 중정을 감싼 벽에 블랙을 과감히 사용했다. 군더더기 없는 화이트&블랙 스타일이 세련미를 더한다.

실내는 몽환적인 느낌을 풍기는 화이트로 통일했다

중정을 감싸는 블랙 외벽과 창틀이 화이트와 강렬한 대조를 이룬다

CHAPTER

2

세부 공간

ENTRANCE
현관

TRAFFIC LINE
이동 공간

ROOM
방

SANITARY
배수 시설

2 세부 공간

ENTRANCE · TRAFFIC LINE
현관 · 이동 공간

기분을 전환하는
장소

이상적인 현관이란

현관은 물리적 및 심리적으로 실내와 실외를 이어주는 접점이다. 최근에는 아예 생략하는 경우도 많지만, 여전히 현관은 구두를 벗고 외부에 묻은 흔적을 씻는 중요한 장소다. 집 안에 들어오기 전에 이러한 의식을 치르면 마음이 편안해지고 드디어 나만의 보금자리에 왔다는 생각에 안심이 된다.

현관은 집주인의 취향과 성격을 넌지시 알려주는 역할도 수행한다. 방문객은 집의 외관과 현관을 보고 집주인에 대한 느낌을 결정한다. 현관이야말로 집과 그 집에 사는 사람들에 대한 외부인들의 첫인상인 셈이다. 그렇다면 어떤 현관이 좋은 현관일까?

먼저 기분전환을 할 수 있어야 한다. 예컨대 다소 폐쇄적인 공간에서 은은한 어둠을 연출하면 심신이 차분해지고 밝고 개방적인 스타일로 만들면 생기 넘치는 에너지를 얻을 수 있는 것처럼 말이다.

현관을 다른 공간과 연결해서 다양한 기능을 부여하는 방법도 있다. 현관 측면에 서재나 접대실을 설치한 경우가 그렇다. 또는 욕실과 연결해 마치 연못이 자리한 듯 멋스러운 공간으로 꾸밀 수도 있다. 그림이나 조각 등의 작품을 장식해 갤러리처럼 꾸미거나 내부와 외부의 경계를 의도적으로 애매하게 연출해 개방성을 살린 현관도 매력적이다.

과거에는 날마다 사용하는 출입구로써 기능성이 중시되었다면, 이제는 집의 첫인상을 결정짓는 공간으로써 심미성이 중요한 요소로 부각되고 있다.

즐거워지는 이동 공간이란

집에 존재하는 모든 장소는 이동 공간인 동시에 기분을 전환하는 공간이 될 수 있다.

계단을 예로 들어보자. 위층과 아래층을 연결하는 계단은 상하이동의 수단일 뿐만 아니라 한 계단씩 올라갈 때마다 시야가 변하는 흥미로운 장소다. 층계참에 여유로운 공간을 배분하면 마치 하나의 방처럼 활용할 수도 있다. 상하층에서 통풍·채광·동선·시선을 이어주는 계단을 어디에 배치하는가는 주택 설계에 큰 영향을 준다. 가급적이면 위아래 수평 방향으로 이어지도록 레이아웃을 만드는 것이 바람직하다.

이동 공간에는 계단과 함께 복도도 있다. 방의 공간을 여유롭게 하기 위해 복도는 가능한 한 생략하는 게 일반적이지만 방의 개수가 늘어나면 자연히 복도도 필요하다. 복도를 방과 방 사이의 단순한 통로로만 인식한다면 이동 공간은 될지언정 편안하고 기분 좋은 공간은 되지 못한다. 단 수납이나 전망을 위한 개구부를 설치하거나 긴 벤치를 곁들이면 휴식과 오락의 기능이 더해진다. 방의 면적을 잡아먹는 불필요한 공간으로 여겨 최대한 줄이기보다 의도적으로 넉넉한 면적을 할애하면 복도는 단순한 통로를 넘어 다채로운 표정을 지닌 기능적인 공간으로 재탄생한다.

지금껏 상대적으로 과소평가된 이동 공간을 새롭게 해석해 이동 그 자체의 즐거움을 유도하고 안락하고 소중한 공간으로 변모시킨 집들을 모아보았다.

2 세부 공간

CHAPTER 2

어둠 너머로 서광이 비치다

채광을 낮춘 현관. 안쪽에 있는 계단을 통해 강렬한 햇빛이 쏟아지면, 자연스럽게 위층으로 발걸음이 향한다.

음영에 의해 공간에 깊이감이 생긴다

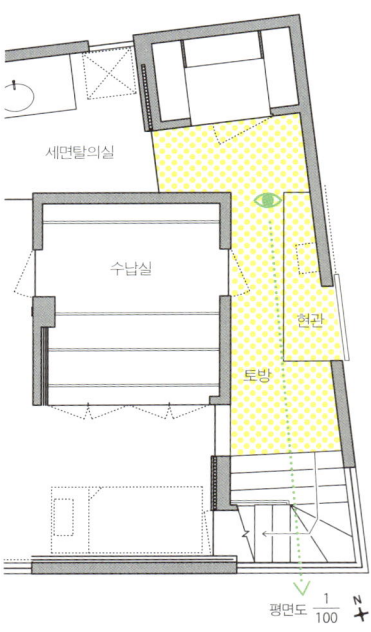

평면도 1/100

POINT:
전체적인 밝기를 억제하고 한정된 공간에 빛을 집중시켜 시선과 동선을 유도한다. 폐쇄적인 미로 같은 공간 속에서 넉넉한 햇살이 충실한 안내자 역할을 한다.

CHAPTER 2

현관에 융화된 응접실

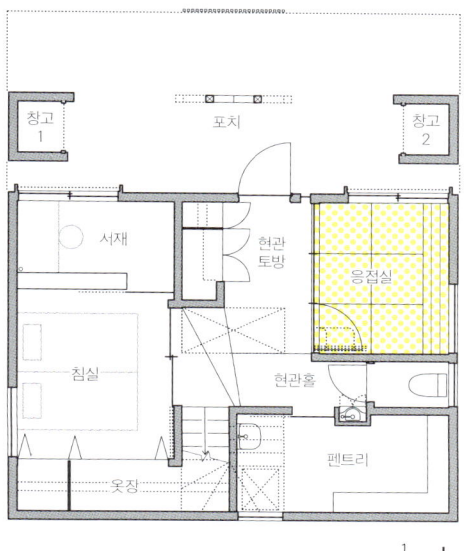

평면도 1/125

ARCHITECT'S EYE
도심부 한정된 부지의 경우, 공간에 한 가지 이상의 역할을 부여해 시각적·실용적으로 협소함을 느끼지 않도록 궁리해본다. (이시이)

POINT:
응접실은 접이식 문으로 설계했다. 문을 열어두면 현관과 응접실이 하나의 널찍한 공간으로 이어진다.

현관 측면에 다다미가 깔린 응접실을 마련했다. 평소에는 방을 오픈해서 현관에 개방감을 주는 동시에 편하게 기대거나 쇼핑한 짐을 놓아두는 공간으로 사용한다. 다다미 하부를 전면수납장으로 설계하면 공간 활용도를 더욱 높일 수 있다.

현관 토방에서 바라본 응접실. 현관문 옆에는 문을 닫아도 햇빛이 들어오는 슬릿창을 설치했다.

CHAPTER 2

외부에 활짝 오픈된 주택

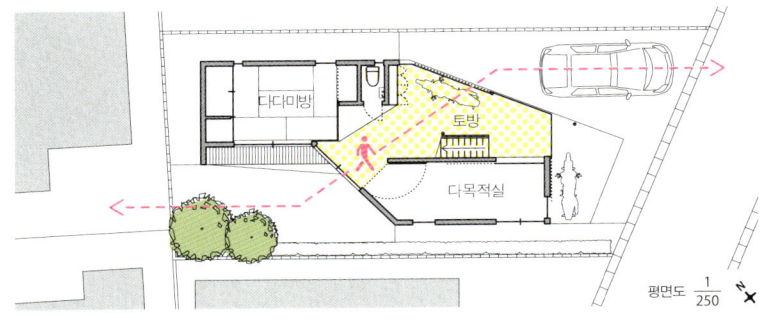

평면도 1/250

POINT: 건물 중앙을 관통해 외부 도로로 연결되는 토방

1층 토방(마루를 깔지 않고 바닥을 드러내 신발을 신은 채로 이동하는 실내 공간-역주)은 오토바이를 놓는 장소이면서 내부와 외부의 틈새를 부드럽게 연결하는 역할을 한다.

시나 베니어(참피나무 합판-역주)로 제작한 대형 미닫이문으로 개방성과 프라이버시를 동시에 확보했다.

프라이버시와 개방감을 조절하는 미닫이문

ARCHITECT'S EYE

현관은 실내와 실외가 만나는 곳이지만 여기서는 외부 도로를 내부로 끌어들인 통로의 역할을 하나 더 부여했다. 실내외 구분이 애매해지면서 외부와의 연속성이 생겨 집과 주변 환경의 유기적인 관계가 형성되었다. (이시이)

오른편 유리 너머로 도로가 보인다. 마치 집 안에 작은 도로가 들어온 인상을 준다

CHAPTER 2

큰길가에서 살포시 떨어진 현관

물푸레나무가 도로 쪽 시선을 막아준다.

ARCHITECT'S EYE
한 그루 나무가 집 내부에 자연을 들이고 건물의 첫인상이 되어주며 외부 시선을 차단해주는 등 전방위 아이템으로 활약한다. (이시이)

POINT:
넓은 마당을 꾸미기 힘들어도 1평 남짓한 자리만 있다면 초록빛 자연을 느낄 수 있다.

가지가 섬세하게 뻗은 물푸레나무를 바라보며 싱그러운 자연을 느낀다. 발치에는 초여름에 아름다운 흰색 꽃을 피우는 어성초와 애란, 조팝나무를 심어 풍성함을 더했다.

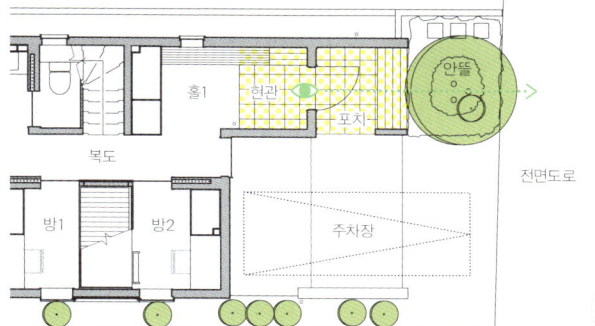

평면도 1/150

현관 앞에 벤치를 놓은 포치와 1평가량의 아담한 녹지 공간을 두었다. 현관에서 도로를 바라보면, 포치 너머로 초록색 나뭇잎이 보여 마음이 편안해진다. 풍성한 나뭇잎이 도로 쪽 시선도 막아주니 일거양득.

CHAPTER 2

초목이 우거진 현관

2 세부 공간 | ENTRANCE | 현관

싱그러운 녹지를 품은 코트 하우스(중앙에 정원을 설치하고 그 주위에 건물을 배치한 주택-역주). 문을 열고 현관 홀에 들어서면 단풍나무를 심은 아담한 중정이 눈길을 사로잡는다. 개구부 사이즈에 쏙 들어오는 나무가 마치 한 폭의 풍경화를 보는 듯하다.

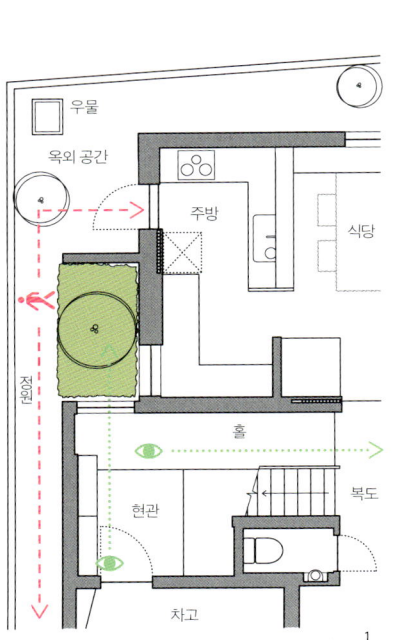

콘크리트 벽과 마루, 원목의 창틀이 멋지게 어우러진다

평면도 1/125

POINT 1:
빌트인 차고 안쪽에 있는 현관의 문을 열면 정면으로 작은 중정이 보인다. 큼지막한 개구부를 통해 시야가 외부로 확장되어 공간이 넓어 보인다

POINT 2:
쓰레기를 버리는 옥외 공간과 정원이 시각적으로 차단되도록 경계면에 콘크리트벽을 세웠다. 가림막이 심플한 배경이 되어 초목을 한층 돋보이게 한다

ARCHITECT'S EYE
음영의 차이를 연출해 공간에 깊이감을 부여했다. 수목의 뒷면에 벽을 세워 쓰레기를 버리는 공간과 경계를 두면서 나무의 존재를 한층 부각시켰다. (이시이)

CHAPTER 2

비스듬한 현관 토방

폐쇄적인 왼편의 벽면이 이후에 전개될 풍경에 대한 기대감을 높인다

현관의 단차를 부드러운 경사면으로 처리한 현관 토방.
옆으로 기다랗게 벽면을 세워 공간에 깊이감을 부여하는 동시에 한걸음 옮길 때마다 벽면 뒤의 모습을 상상하게 된다.

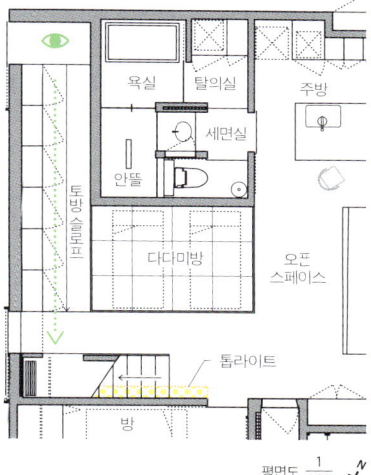

평면도 1/150

POINT 1 :
빛이 새어드는 곳을 향해 발길을 인도하는 비스듬한 경사면. 조금 뒤 펼쳐질 공간에 대한 호기심을 유발한다

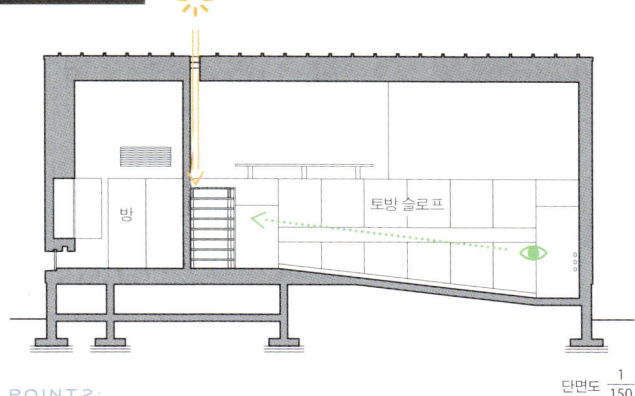

단면도 1/150

POINT 2 :
톱라이트에서 계단을 통해 빛이 내려온다

CHAPTER 2

현관에 딸린 수납장

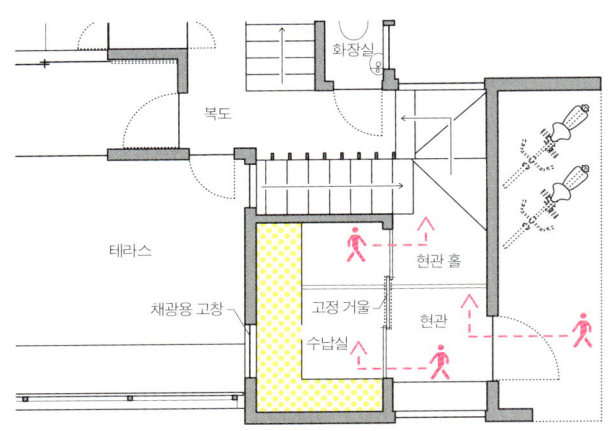

현관에 딸린 수납장은 실용성 높은 아이템이다. 신발 벗는 공간을 넉넉히 확보해두면 현관을 언제나 깔끔하게 유지할 수 있다.

일반적으로 수납장은 현관 한쪽 면에 설치하지만 여기서는 수납장 공간을 따로 배치하고 다른 방에서도 접근할 수 있도록 설계했다.

POINT: 선반대 상부에 고창을 설치해 테라스에서 들어오는 햇빛을 확보했다

ARCHITECT'S EYE

신발을 신은 채로 다니는 현관과 신발을 벗고 다니는 현관 홀. 양쪽 모두에서 자유롭게 이동할 수 있도록 출입구를 두 개로 만들었다. 현관 옆에 독립적으로 배치한 수납공간을 가족 전용 출입구로 만들었더니 방문객들이 드나드는 현관은 말끔하게 정리되어 집 안의 첫인상도 깨끗해졌다. (이시이)

미닫이문을 닫아놓으면 현관이 말끔하게 정리된다

현관 안쪽에 비밀 수납장을 만들었다

CHAPTER 2

마감재를 통일해 정원과 연속성을 높이다

POINT:
길가, 진입로, 정원의 자연이 하나로 이어진다

마루는 폭넓은 오크 바닥재, 천장은 섬세한 인상의 폭 좁은 미송재로 마감했다. 마루와 천장을 대형 개구부로 연결해 공간에 일체감을 부여하고 시선을 외부로 확장시켰다

ARCHITECT'S EYE

천장재와 마루재를 비슷한 소재로 연결시켜 홀과 데크의 연속감을 높였다. 나무로 둘러싸인 데크와 뻥 뚫린 시야 덕분에 현관 홀에 있으면 야외에 있는 기분이 든다. 반면 다다미방은 아늑하고 고즈넉한 별실처럼 느껴진다. (이시이)

긴 진입로를 거쳐 현관에 다다르면 시선은 그대로 신록이 우거진 중정으로 이어진다. 탁 트인 현관 홀은 중정의 데크와 바닥 마감재를 연속시켜 안과 밖이 이어진 느낌이 든다.

CHAPTER 2

돌출된 2층 공간으로 탄생한 현관 포치

대지의 남서 및 북동쪽에 공터를 만들어 건물을 Z자형으로 배치했다. 건물을 엇갈리게 배열해 내부 공간의 면적을 넉넉하게 확보했다. 동남쪽으로 낸 2층 돌출 공간의 하부를 현관 포치로 활용한 아이디어가 돋보인다.

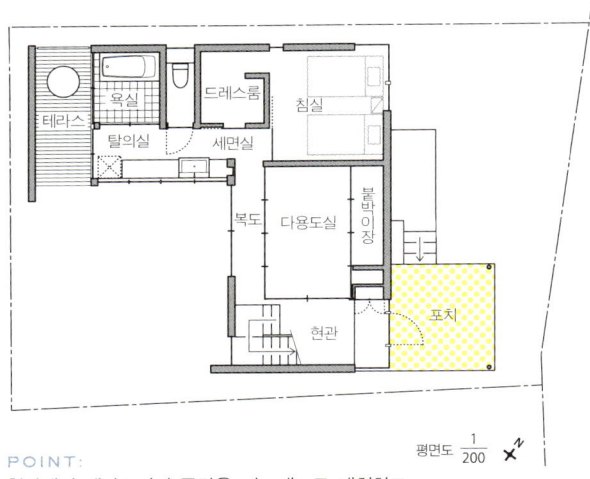

평면도 $\frac{1}{200}$

POINT:
현관에서 테라스까지 공간을 지그재그로 배치하고
내부에 공터를 두어 개방감을 부여했다

ARCHITECT'S EYE
건물 2층의 돌출 공간을 현관 포치로 활용했다. 모퉁이에 섀시를 만들어 입체감을 높이고 채광을 확보했다. (이시이)

유리문을 설치한 현관

대담하게 돌출된 모습이 인상적인 출입구

CHAPTER 2

현관에서 한눈에 들어오는 정원 풍경

정원에 면한 창은 목재, 벽과 천장은 규조토로 마감해 편안한 분위기를 연출했다

2 세부 공간

ENTRANCE | 현관

ARCHITECT'S EYE

거실, 식당, 현관에서 모두 아름다운 자연을 감상할 수 있도록 공간을 배치했다. 각기 다른 마루 단차가 공간에 활기찬 리듬감을 부여한다. (이시이)

POINT:
거실을 반 층 아래 내려간 곳에 배치해 집 안에서도 시선이 적당히 가려지고 아늑한 느낌이 든다

평면도 1/175

건폐율 40% 용적률 80%라는 까다로운 조건을 가진 주택. 고심 끝에 지하실을 만들어 마루 면적을 확보하고 스킵플로어로 공간 활용도를 높였다.

현관에 들어서면 양쪽으로 배치한 반지하 거실과 1층 식당 너머로 정원이 보인다.

큼지막한 개구부를 통해 시선이 외부로 확장되어 개방감과 깊이감이 동시에 생긴다.

53

CHAPTER 2

이동 공간이 특별한 장소로 탈바꿈하다

1층부터 3층까지 관통하는 큼지막한 후키누케를 심플한 철골 계단이 이어준다. 2층 바닥에서 1,350mm만큼 낮게 설계한 계단참은 미니 작업실로 꾸몄다. 버리는 공간이 되기 마련인 계단참이 집 안 어디에도 속하지 않는 특별한 장소로 변신한 셈이다.

ARCHITECT'S EYE
계단참에 새로운 의미를 부여한 공간은 기능적인 편리함뿐 아니라 심리적인 아늑함도 선사한다. (이시이)

철근 콘크리트 벽에 목제 가구를 매치해 세련된 분위기를 풍긴다.

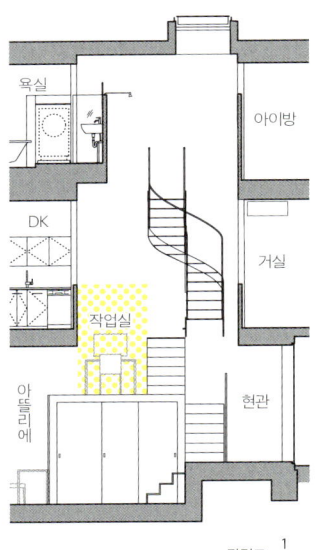

단면도 1/150

POINT:
계단참을 스킵플로어처럼 활용한다.

여백으로 남기 쉬운 계단참을 야무지게 이용한 아이디어가 돋보인다.

CHAPTER 2

다양한 방향에서 접근이 가능한 계단의 자유로움

여러 방향에서 접근할 수 있는 계단은 무한한 자유로움을 내포한다. 계단의 폭과 디딤판을 넉넉하게 만들어 손님이 많을 때는 벤치처럼 여유롭게 걸터앉을 수도 있다.

다양한 방향으로 이어지므로 어느 한 곳에 앉아있어도 사람들이 오르내리는데 방해가 되지 않는다는 점도 매력적이다.

POINT: 다방향으로 접근 가능한 계단이 공간에 자유로운 활기를 부여한다

여러 공간과 유기적으로 이어지는 실용적인 계단

CHAPTER 2

마루를 연상시키는 계단으로 공간을 역동적으로 연출하다

마루재와 비슷한 소재의 디딤판으로 만든 계단이 공간에 연속성을 부여한다. 커다란 계단은 편안한 벤치와 테이블로도 활용되어 느긋한 여유를 선사한다.

TRAFFIC LINE | 이동 동선

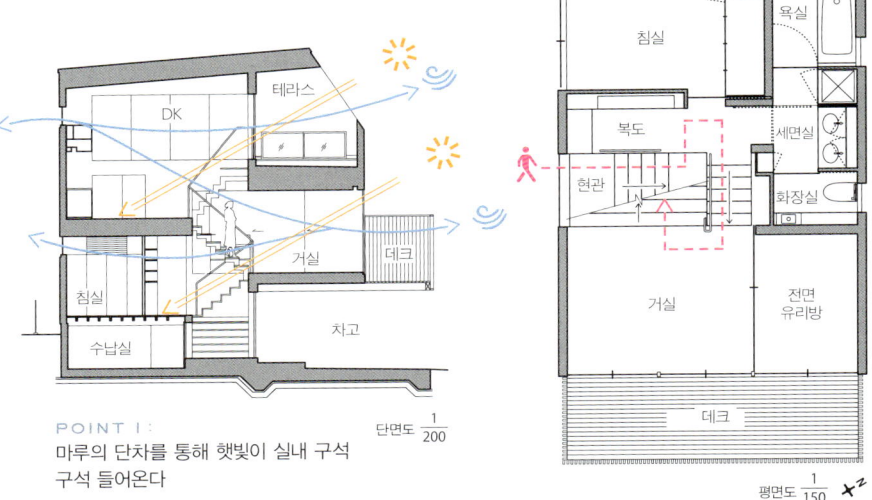

POINT 1:
마루의 단차를 통해 햇빛이 실내 구석구석 들어온다

POINT 2:
입체적인 공간을 연속적으로 배치해 곳곳에서 시원한 바람이 들어온다

POINT 3:
계단을 올라갈수록 시점이 다양하게 변하면서 역동적인 공간으로 만들어준다

올라가는 계단에 앉으면 개구부를 통해 전망도 감상할 수 있다

CHAPTER 2

욕실의 중정을 현관과 공유하다

양쪽으로 배수시설과 창고를 배치한 현관. 문의 테두리나 손잡이 등 돌출된 부분을 최대한 자제해 마치 문이 벽처럼 보이도록 세심하게 설계했다

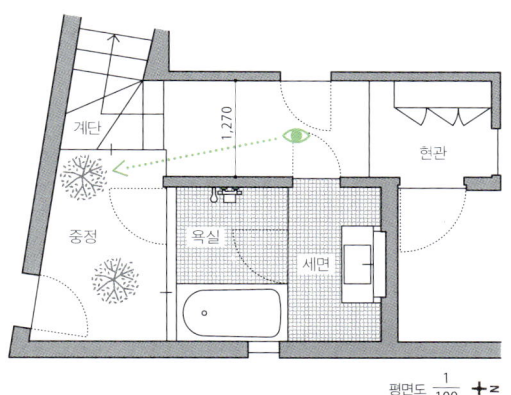

평면도 1/100

POINT:
욕실, 현관, 계단에서 두루 중정의 풍경을 만끽할 수 있다

현관은 집의 첫 번째 인상이다.

이 집은 건물의 중심에 현관이 위치해 외부 채광을 기대하기 어려운 상황이었다. 건축가는 여기에 착안해 현관에서 계단으로 연결되는 통로를 폭넓은 1,270mm로 설계해 의도적으로 계단의 폭과 차이를 두었다. 이로 인해 생긴 틈새에 욕실의 중정을 끌어들여 현관에서도 중정의 녹음을 감상할 수 있도록 했다.

ARCHITECT'S EYE

중정을 욕실과 현관에서 공유하는 경우, 욕실에서는 외부 시선이 신경 쓰이기 마련이다. 여기서는 욕실과 현관이 중정을 바라보는 방향을 동일하게 만들어 프라이버시 문제를 해결했다.

2 세부공간 | TRAFFIC LINE | 이동동선

2 세부 공간

ROOM
방
안락한 방 만들기

방의 명칭은 불필요하다

이 장에서는 침실, 아이 방, 서재, 가족실 등 '방'이라 불리는 공간을 다룬다. 각각의 방은 사용자 및 용도가 한정되어 있기에 라이프스타일과 가족 구성원이 변하면 사용빈도가 줄어들거나 아예 필요성이 사라지는 경우마저 있다. 이러한 점을 고려한다면 처음부터 방의 명칭을 정하지 않고 용도를 한정 짓지 않는 것도 좋다.

이를테면 아이 방이 그렇다. 자식이 어릴 때부터 집을 지었다고 해도 언젠가는 독립을 하기 마련이다. 이후에 아이가 쓰던 방은 먼지가 쌓인 방치된 공간이 되기 쉽다. 그렇다면 처음부터 독립 후에도 사용할 수 있도록 계획해 보면 어떨까. 미니 거실과 같은 느낌으로 꾸민다면 방의 주인이 떠난 뒤에도 취미를 위한 공간(편의상 취미실로 명칭)이나 서재, 접대실 등 다용도로 활용할 수 있으리라.

혹은 아이 방은 작은 방에 만들고 이후 거실로 사용하게 되었을 때 장난감이나 학습 도구처럼 가리고 싶은 짐들은 수납공간에 따로 정리하는 방법도 있다. 취미실도 마찬가지. 처음부터 독립된 방에 배분하기보다는 오픈된 공간의 한쪽 벽감(벽면이 우묵하게 들어가도록 만든 공간-역주)을 활용해 꾸며보는 것도 좋다. 칸막이를 한다면 폐쇄적인 여닫이보다는 개방적인 미닫이가 적합하다.

2 세부 공간

침실의 가능성을 확장시킨다

침실을 집 안 가장 안쪽에 배치하면 차분하고 아늑한 공간이 되어 사생활 보호에도 적합하다. 지하에 침실을 만드는 방법도 있다. 지하는 여름에 시원하고 겨울에 따뜻하다. 게다가 채광을 조절하기 수월해 은은한 분위기에서 숙면을 취할 수 있다는 점도 매력적이다.

침실과 욕실을 이웃시키면 잠자리에 들기 전이나 일어난 후에 곧바로 샤워를 할 수 있어 동선이 매끄럽다. 아이가 있다면 욕실을 사용할 빈도가 높아지기에 침실로 향하는 출입구 외에 또 하나의 욕실 출입구를 만들 필요가 있다. 그 밖에도 파우더룸이나 세면 코너, 드레스룸도 침실과 가깝게 배치하면 생활 동선이 편해진다. 침실이 거실이나 주방 등 공적인 공간과 가깝다면 침실이 있다는 사실을 타인이 눈치채지 못하도록 설계 단계에서부터 세심한 고민이 필요하다.

흔히 침실에는 침대와 화장대, 장롱이 들어가야 한다고 여기지만 정말 그럴까? 침실의 기능은 진화 중이다. 넉넉하고 안락한 침실을 만들어 식사를 하거나 취미 생활을 즐기는 경우도 많다. 일례로, 침실의 벽면에 대형 브라운관이나 음향 시설을 갖추면 남부럽지 않은 개인 AV룸이 탄생한다. 부피가 크고 묵직한 영상과 음향 설비는 개구부가 많은 거실에는 설치하기 어렵지만, 사적인 공간인 침실이라면 문제없다.

침실이 꼭 필요한 공간이라고 생각할 필요도 없다. 부부가 단둘이 사는 가정이라면 처음부터 침실을 방에 만들지 말고 널찍한 LDK의 한쪽을 자는 곳으로 배치하면 공간을 한층 효율적이고 여유롭게 사용할 수 있다.

CHAPTER 2

초록빛 자연을 즐기는 2층 거실

2층 거실은 높은 천장 덕분에 개방감을 한층 만끽할 수 있다.

햇살을 누리고자 2층에 배치한 거실. 통창을 통해 자연을 즐기도록 발코니 한쪽에 화단을 설치했다. 사람 키 높이만큼 격자 난간을 발코니에 둘러싸고 덩굴식물을 키운다. 시간이 지나면 덩굴이 난간을 통해 올라가 울창한 수풀로 변신하리라. 이처럼 궁리하기에 따라 2층에서도 신록을 가깝게 느낄 수 있다.

ARCHITECT'S EYE

키 작은 식물도 자연스러운 시선에서 감상하도록 화단 바닥 면을 발코니에서 수십 센티 들어 올렸다. 실내에는 벤치 공간을 창가에 설치해 창밖의 자연을 감상하도록 했다. (쓰루)

POINT:

발코니 녹지를 가까이서 느낄 수 있도록 벤치와 티비장을 겸한 수납공간을 설치했다.

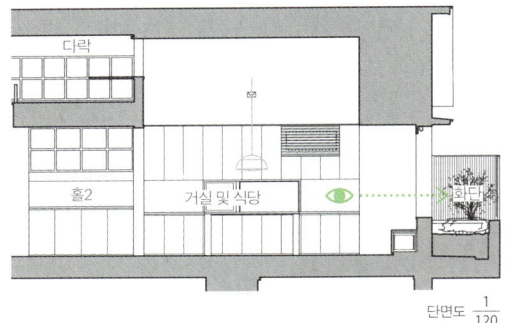

단면도 1/120

CHAPTER 2

바깥 풍경과 조화롭게 공생하는 집

POINT:
시선을 어긋나게 이어주어 내부와 외부 사이에 편안한 거리감이 생긴다

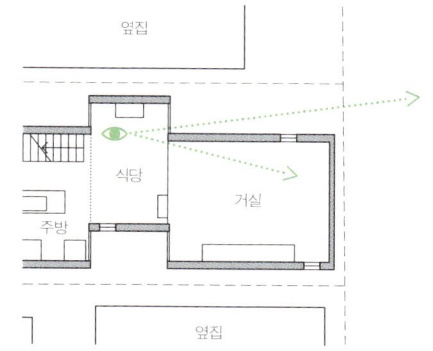

평면도 1/225

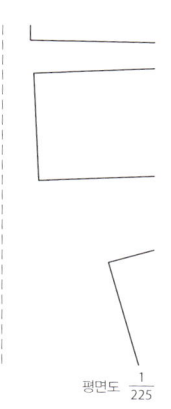

식당에서는 바깥 풍경과 집 안 거실이 한눈에 들어온다. 거실과 접하는 벽을 식당과 엇갈리게 배치해 틈새로 햇빛을 유입시키고 바깥 풍경을 즐기도록 했다. 거실 마루는 식당보다 400mm 높게 설계해 벤치처럼 사용할 수 있다.

CHAPTER 2

하늘을 끌어들인 거실

대지가 고지대라는 특성을 살려 눈앞에 펼쳐지는 수목과 청량한 하늘을 집 안에서 만끽하면서 외부 시선을 가리도록 개구부를 조절했다.

*도코노마: 다다미방에 장식을 위해 바닥을 한층 높여 만든 곳-역주

단면도 $\frac{1}{200}$

전망 좋은 고지대에서 하늘을 바라보는 집

ARCHITECT'S EYE

아름다운 병풍처럼 가로로 끝없이 이어지는 전원 풍경을 전면 창을 통해 고스란히 집 안으로 들여왔다. 가족이 모여 담소를 나누고 휴식을 취하는 공간으로 제격이다. (쓰루)

징두리 벽을 만들고 개구부의 사이즈를 조절해 주변의 시선을 가리고 햇빛과 자연을 끌어들인 거실

CHAPTER 2

삼면의 풍경을 모두 만끽하는 2층 거실

하이사이드 라이트는 지붕 모양으로 형태를 맞추고 창틀을 하얀색으로 마감해서 최대한 단정하게 연출했다.

평면도 1/200

POINT:
주변 환경을 고려해 개구부 위치를 결정했다. 옆집이 인접한 남쪽은 하이사이드 라이트를 설계해 하늘과 햇빛을 들였다.

ARCHITECT'S EYE
맞배지붕의 대칭 모양에 따라 수납문의 높이나 위치도 설계해 깔끔한 분위기를 연출했다. 장차 동쪽 정원이 서쪽 녹지만큼 울창해져 동서쪽 수풀도 대칭성을 이루는 날이 기대된다. (쓰루)

마당을 에워싸는 L자형 설계. 2층에 배치한 거실 삼면에 모두 개구부를 만들었다. 동쪽으로는 마당이, 서쪽으로는 도로 건너편 녹지가, 남쪽으로는 하늘이 보인다. 시선이 외부로 이어져 개방감을 살리는 동시에 갖가지 풍경을 만끽하는 풍요로운 공간으로 완성했다.

CHAPTER 2

텐트 속에 들어온 듯 아늑한 실내공간

천장에 모든 장식을 없애고 최소한의 매립 등만 달아 단정하게 연출했다.

벽과 기둥을 세우지 않고 사방을 개구부로 설치해, 모임지붕(꼭대기에서 네 방향으로 내려오는 지붕-역주) 형태를 고스란히 실내에 반영했다. 안에 있으면 마치 아늑한 텐트 속에 들어와 있는 기분이다. 지붕 모서리 높이를 1,600mm 정도로 제한했기에 섰을 때 지붕이 감싸주는 포근함과 앉았을 때 하늘을 바라보는 개방감이 느껴진다.

POINT:
외부에 설치한 8개 철골 기둥만으로 지붕을 지탱하므로 벽이나 기둥이 존재하지 않는 LDK 공간이 완성되었다. 덕분에 주변 풍경을 마음껏 집 안에 끌어들일 수 있다.

ARCHITECT'S EYE
매끄러운 회반죽으로 마감한 모임지붕 천장이 대담하게 떠 있다. 은은하게 감싸주는 질감의 천장은 모서리를 1,600mm 높이로 제한해 주변 녹지를 만끽한다. 이처럼 시각적으로 확장되면서도 높이를 억제한 설계는 집 안에 편안함과 긴장감을 동시에 부여한다. (쓰루)

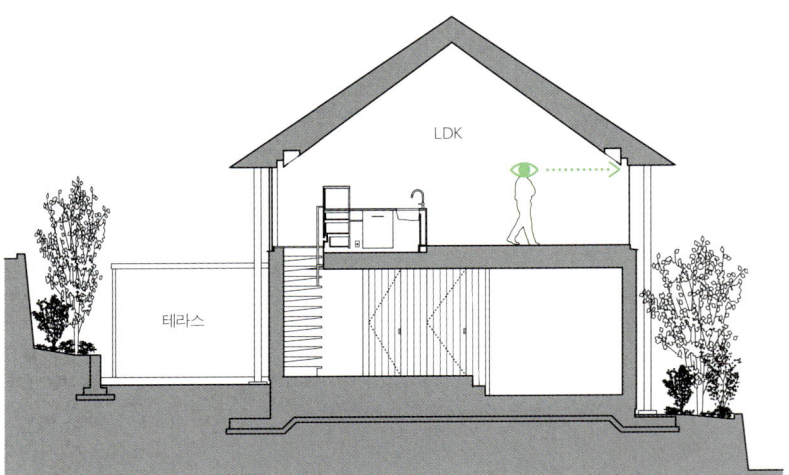

단면도 1/150

CHAPTER 2

안과 밖 경계를 모호하게

식당보다 바닥을 낮춘 거실. 목재로 만든 티비장을 바깥으로 연속시켜 그대로 야외 공간의 벤치로 활용한다. 거실과 야외 공간의 경계면을 테두리 없는 고정 유리로 설계해 안과 밖의 경계가 모호해지고 개방감이 생긴다.

티비장이 야외 공간 끝까지 이어진다.

POINT:
똑같은 천장을 공유하지만 바닥 높이에 변화를 주어 각각의 공간에 독립성을 부여했다.

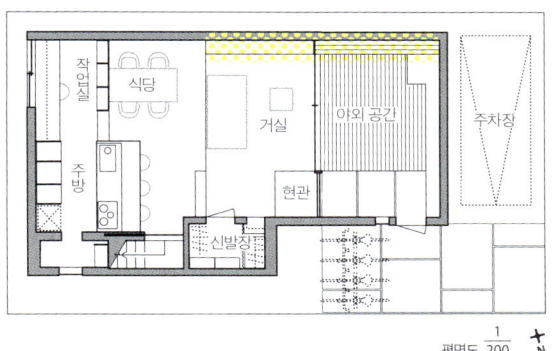

평면도 1/200

ARCHITECT'S EYE

거실, 한단 올라간 식당, 한단 내려간 주방과 작업실. 각각 바닥 높이에 변화를 줌으로써 같은 공간에 서로 다른 개성을 부여한다. 거실에는 테두리 없는 전면 창과 외부와 내부를 이어주는 나무판 벤치가 외부로 시선을 확장해 개방감을 선사한다. (쓰루)

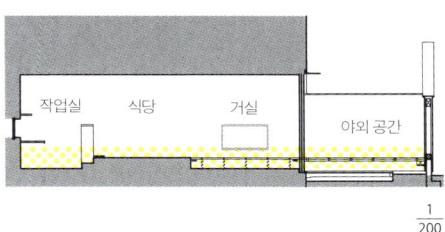

1/200

CHAPTER 2

주변 경치를 집 안으로 끌어들인 2층 거실

왼쪽의 북향 창으로 들어오는 은은한 빛이 방을 아늑하게 밝혀준다

POINT 1 :
북쪽 창은 열손실이 커서 사이즈를 줄이는 게 일반적이지만, 여기서는 전망을 최우선으로 여겼던 건축주의 뜻에 따라 의도적으로 크지막하게 설계했다

POINT 2 :
ㄱ자로 굽어진 구조가 거실에 생동감을 준다

비좁은 골목길이 많고 주택이 밀집된 지역이지만 주변에 녹지가 많아 따로 정원을 만들지 않았다. 대신 거실을 2층으로 올려 채광을 높이고 옆집 정원의 신록을 실내에 끌어들였다. 거실은 당연히 1층에 있어야 한다고 생각했던 건축주도 공사가 끝나고 나서는 지붕 모양이 고스란히 살아있는 높은 천장과 밝고 개방적인 거실에 무척 만족스러워했다.

ARCHITECT'S EYE
ㄱ자의 평면과 복잡한 천장 형태가 시선을 한 방향으로 국한시키지 않고 다양하게 퍼뜨린다. (쓰루)

CHAPTER 2

좌식의 시야를 고려한 공간

개구부의 높이를 조절해 휴식을 취하는 좌식 공간에 아늑함과 안정감을 더했다.

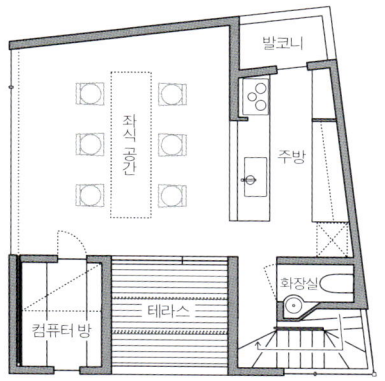

ARCHITECT'S EYE

천장에서 벽면을 내리고 하부에 수납장을 설치해 개구부 크기를 조절했다. 명암의 대조로 외부 풍경이 더욱 인상적으로 보인다. (쓰루)

평면도 1/150

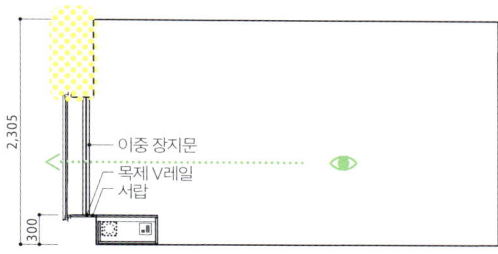

POINT 1:
앉아있을 때의 시선

POINT 2:
개구부 위아래로 생긴 음영이 바깥 풍경을 한 폭의 풍경화처럼 보여준다

전개도 1/75

나지막하게 만든 좌식 테이블에서 바깥 풍경을 만끽하도록 개구부 높이를 조절했다

CHAPTER 2

가족이 자연스럽게 모여드는 LDK

주방 바닥을 90mm 낮추어 조리대와 식탁 높이를 맞췄다.

POINT:
주방, 식당, 거실, 테라스 어디에 있더라도 카운터를 중심으로 연결된다.

안쪽이 주방 조리대로, 바깥쪽은 식탁으로 활용하는 길이 4,500mm의 거대한 스테인리스 카운터를 배치한 LDK. 평소 손님을 초대해 요리 대접을 즐기는 건축주에게 널찍한 조리대는 안성맞춤 아이템. 테라스를 포함한 LDK 공간은 가족 모두가 자연스럽게 모이는 편안한 보금자리 역할을 톡톡히 한다.

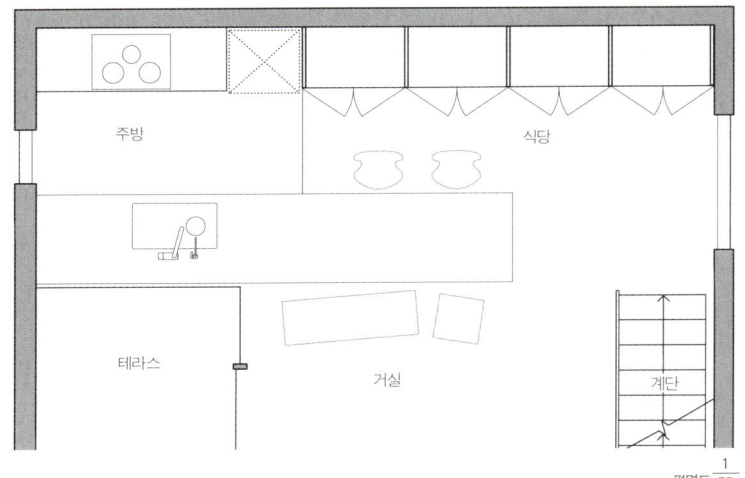

평면도 1/75

CHAPTER 2

데크와 일체가 되는 식당

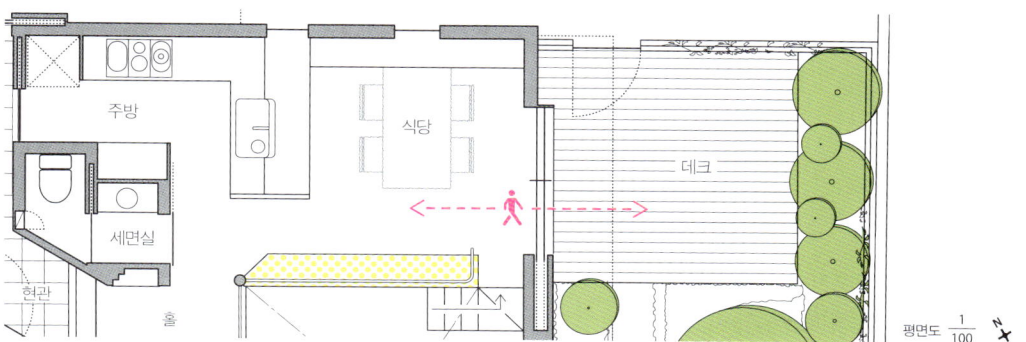

평면도 1/100

목재로 만든 미닫이문이 알루미늄 섀시보다 심플하고 멋스러워 보인다

친구들을 불러 음식 대접하기를 즐기는 건축주는 넉넉한 크기의 식당을 원했다. 이에 건축가는 식당 옆에 데크를 설치하고 미닫이문을 달아 부드럽게 데크와 식당이 하나로 이어지도록 했다.
식당 테이블 옆으로는 지하로 이어지는 계단 난간에 벤치처럼 나무판을 대어 많은 사람이 왔을 때 이곳에 앉아서 식사를 즐길 수 있도록 배려했다.

POINT 1:
평소에는 미닫이문을 열어두어 내부와 외부 공간이 하나로 연결된다

POINT 2:
난간 아래 설치한 벤치용 나무판

ARCHITECT'S EYE
동선이 주방-식당-데크로 유기적으로 연결된다. (쓰루)

정원으로 시원하게 열린 개방감 넘치는 주방

4,400mm라는 높은 층고의 특성을 살려 주방과 수납공간 이외에는 전부 유리로 창을 낸 주방 스튜디오.
커다란 단풍나무를 심은 정원에 면한 유리문을 열면, 공원 옆에 자리한 근사한 테라스 카페가 된다.

단면도 $\frac{1}{175}$

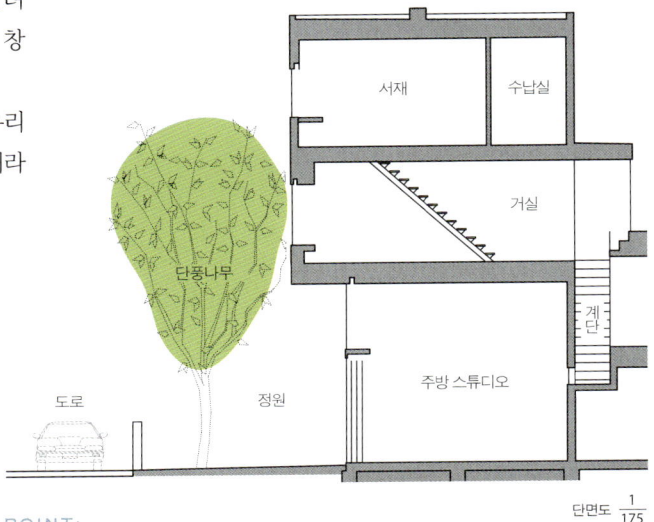

POINT:
위층의 돌출 부분이 1층의 차양이 되어 시원한 그늘 속에서 멋진 주변 풍경을 감상할 수 있다

도로에 면한 문은 연 채로 고정해둘 수 있다

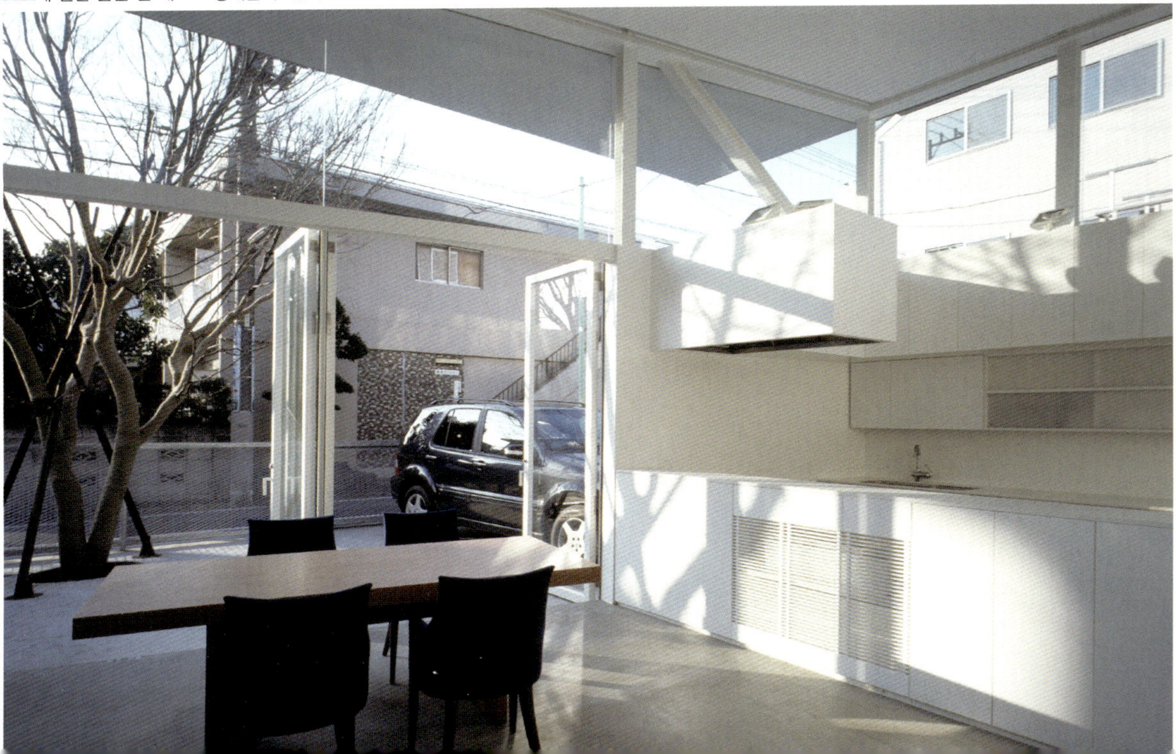

CHAPTER 2

거실 접근형 설계

화단에 화초를 심어 계절마다 아름다운 꽃을 감상한다

ARCHITECT'S EYE

거실과 침실 사이에 수납장이 가로놓여 있어 자칫 답답해 보일 수 있지만, 천장 사이에 틈새를 만들어 개방감과 연결감을 부여했다. (쓰루)

침실은 사생활 보호를 고려해 텔레비전 맞은편의 가장 안쪽에 배치했다

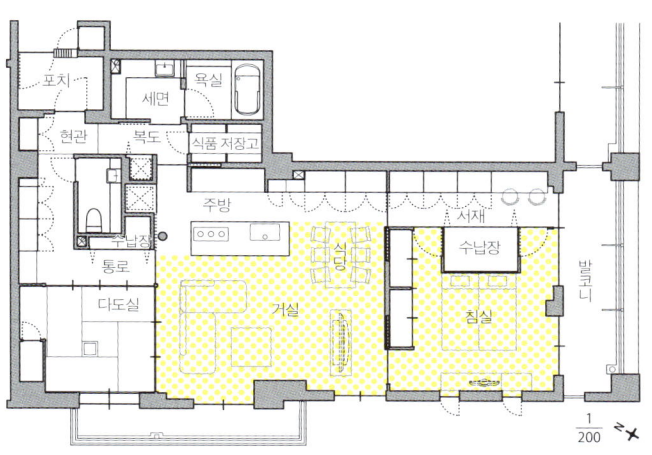

공동주택의 내부 설계는 입구 근처에 침실, 안쪽에 거실을 배치하는 경우가 일반적이다. 그러나 여기서는 내방객이 많은 건축주의 라이프스타일을 고려해 거실을 전면에, 침실은 안쪽에 배치했다.

CHAPTER 2

개구부 위치와 면적으로 채광을 조절하다

2 세부 공간

ROOM | 방

유리 블록의 천창과 큼지막한 창문을 통해
햇빛이 충분히 유입된다

ARCHITECT'S EYE

식당과 거실로 들어오는 채광 방식에 변화를 주어 공간에 생동감을 부여했다. (쓰루)

주택 밀집 지역에 있는 리노베이션 사례.
장소별로 동적인 공간(식사, 친목도모)과 정적인 공간(휴식)을 고려해 개구부의 위치와 형태를 재구성했다.
식당은 기존의 개구부를 활용해 채광을 충분히 확보하면서 외부로 데크를 깔아 공간을 확장했다.
반면, 다다미실에 있던 커다란 창은 크기를 줄이고 유리 블록 천창을 내어 적당히 채광을 억제하고 외부 시선을 차단해 아늑하고 편안한 느낌을 강조했다.

평면도 1/300

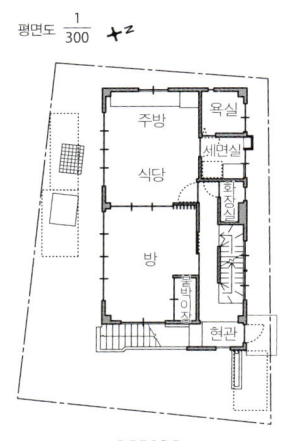

BEFORE

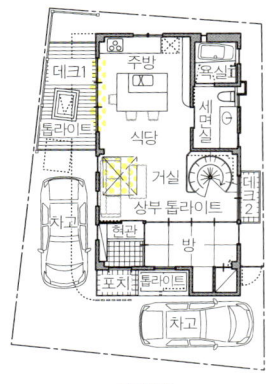

AFTER

CHAPTER 2

스테인리스로 통일한 모던한 주방

ARCHITECT'S EYE
전면 스테인리스로 마감한 주방과 거대한 글라스 행거가 공간을 한층 모던하고 깔끔하게 연출한다. (쓰루)

이질적인 소재 간의 대비를 강조하기 위해 특별 제작한 올 스테인리스 키친. 돌이나 나무, 유리 등 소재를 매치해 각각의 공간을 이질감 없이 자연스럽게 연결했다.
돌과 나무, 유리의 재료와 깔끔하게 어우러지는 스테인리스로 주방의 모든 가구를 통일했다.

전체 스타일에 맞추어 제작한 스테인리스 주방

나무, 유리, 스테인리스의 세련된 조화

CHAPTER 2

토방 속 주방

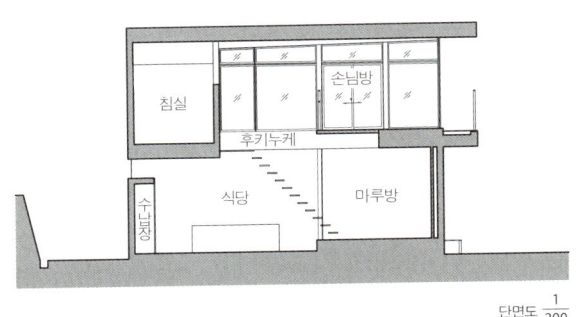

단면도 1/200

3세대가 거주하는 주택. 요리를 좋아하는 건축주가 많은 시간을 보내는 주방을 집의 중심에 설계해 각각의 공간과 부드럽게 연결했다.

POINT:
건물 중앙에 DK를 배치했다. DK 부분만 2층을 개방해 주방의 존재감을 더욱 부각시키고 각각의 공간과의 연결성을 높였다

토방 속에 주방을 배치하다

ARCHITECT'S EYE
마루를 토방으로 만들어 야외에 나온 듯한 시원한 인상을 준다. (쓰루)

2층 계단에서 DK를 내려다본 모습

CHAPTER 2

이중벽을 통해 부드러운 빛이 새어나오다

오른편에 돌출된 벽의 내부는 위아래로 뚫려 있어 채광과 통풍에 좋다. 옆집의 나무가 보이는 위치에 조그만 창을 내었다

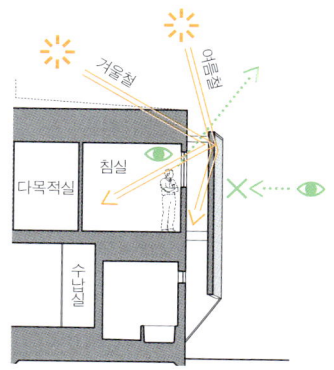

POINT:
사생활을 보호하면서 채광을 확보한 침실.
이중벽은 위아래가 뚫려 있어 실내의 채광과 통풍에 좋다

외벽에 설계한 창문 바깥쪽에 또 다른 벽을 설치해 북쪽에 있는 침실의 채광과 외부 시선을 조절했다.
이중벽 내부로 반사되는 부드러운 자연광을 실내에 들이면서 옆집의 시선은 차단하도록 벽면을 설계했다.

2 세부 공간 ROOM | 방

ARCHITECT'S EYE
이중벽을 설치하면, 안쪽 내벽의 사이즈와 디자인을 취향대로 자유롭게 시도해볼 수 있다. (쓰루)

외부 시선을 차단하면서 채광은 확보한다

CHAPTER 2

층고를 억제한 공간의 아늑함과 자유로운 개방감

외부를 향해 시선이 길게 이어져 개방감이 느껴진다

지붕이 내려와 아늑함을 풍기는 침실

층고를 낮추어 침실이 한층 아늑한 공간이 되었다.
숲속의 시원한 바람이 실내에 불어오도록 지붕을 연속적인 형태로 설계했다. 지붕을 따라 시선이 길게 이어져 탁 트인 개방감을 선사한다.

ARCHITECT'S EYE
커다란 지붕의 연속성이 비스듬한 지형을 체감케 한다. (쓰루)

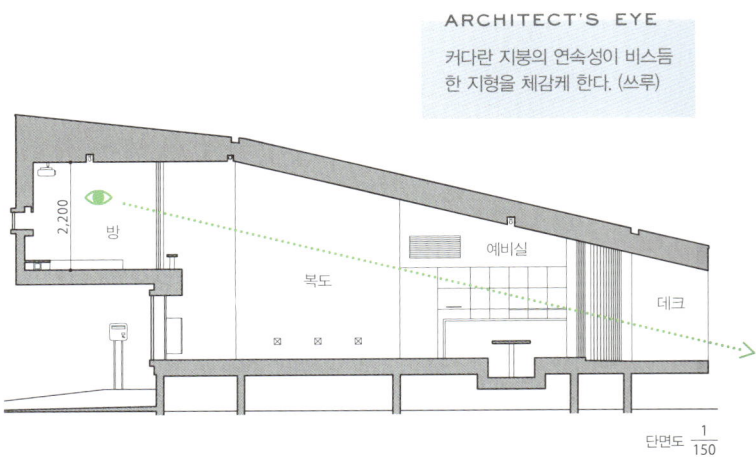

단면도 1/150

POINT: 천장을 따라 정원까지 시선이 쭉 이어진다

CHAPTER 2

정원을 통해 아침 햇살이 들어오는 침실

어느 창문에서나 정원의 싱그러운 녹음이 보이는 L자형 건물. 침실에는 침대 옆으로 큼지막한 창을 내고 롤스크린을 설치했다. 아침에는 스크린에 반사된 부드러운 햇살이 잠을 깨우고 스크린을 올리면 눈 부신 햇살 속에 반짝이는 신록이 생기를 전해준다.

2 세부공간 ROOM | 방

풋풋한 꽃망울, 싱그러운 초록, 깊은 단풍, 설경. 사시사철 풍경과 함께 하루를 시작하는 침실

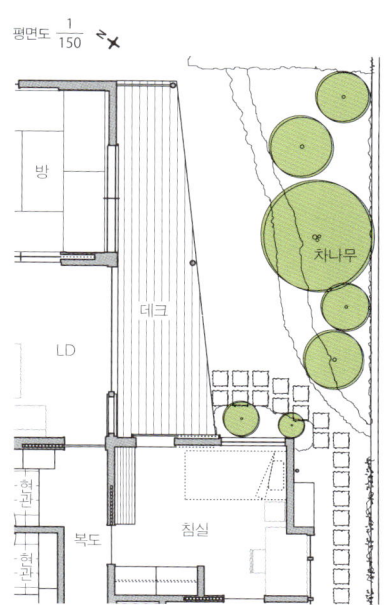

평면도 1/150

POINT:
사계절마다 각기 다른 아름다움을 만끽할 수 있도록 다양한 화초와 나무를 심었다

ARCHITECT'S EYE
롤스크린을 벽면에 매입해 스크린을 올리면 천장 위로 깔끔하게 수납된다. (쓰루)

CHAPTER 2

맞배지붕의 아늑한 침실

대칭형 맞배지붕의 모양을 고스란히 실내에 들인 은신처 같은 침실.
천장과 벽, 마루 모두 자작나무로 마감해 아늑하고 평온한 분위기를 연출했다.
빛을 흡수하도록 자작나무에 무광택 도장을 했다. 덕분에 조그만 개구부에서 새어 들어오는 햇빛이 한층 아름답게 퍼진다.

문을 열면 배수대 공간을 통해 눈부시게 밝은 빛이 들어온다. 안과 밖의 분위기가 전혀 다르다

POINT:
아담한 대칭형에 맞추어 수납문과 벽의 마감재도 자작나무로 통일해 깔끔하고 아늑한 분위기를 강조했다

상부 수납공간은 맞배지붕의 천장 모양에 맞추어 자투리 공간까지 알차게 활용했다

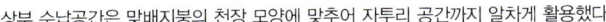

CHAPTER 2

중심을 낮춰 안락한 분위기를 연출하다

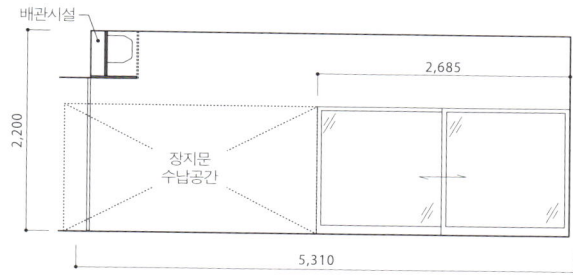
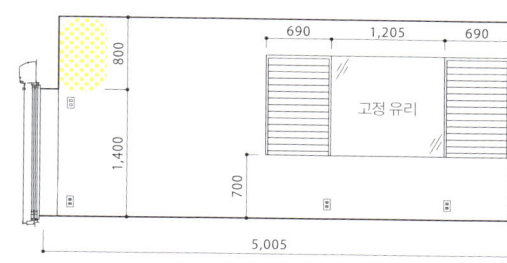

천장과 개구부 높이를 억제해 중심을 낮춘 공간.
장지문을 통해 쏟아지는 부드러운 햇빛은 심신을 편안하게 감싸준다.

POINT1:
빛의 중심부를 낮추어 고요하고 은은한 분위기를 연출했다

POINT2:
천장에서 내려온 벽면에 부드러운 음영이 생겨 한층 아늑한 공간이 되었다

ARCHITECT'S EYE
장지문은 열고 닫을 때 깔끔하도록 측면에 매입 공간을 만들었다. (쓰루)

낮은 천장과 장지문을 통과해 쏟아지는 은은한 빛이 편안함을 더한다

CHAPTER 2

옥상정원을 바라보는 침실

2 세부공간

ROOM | 방

위아래층 분리형의 2세대 코트 하우스. 2층에는 가족 서재를 옥상정원과 침실 사이에 배치했다. 침실에서는 칸막이 유리 벽을 통해 시각적으로 정원과 연결된다.

취침 시에는 블라인드를 내려서 시야를 차단한다

ARCHITECT'S EYE
거리를 두고 반복해서 설치한 개구부로 옥상정원의 풍경이 한 층 입체적으로 다가온다. (쓰루)

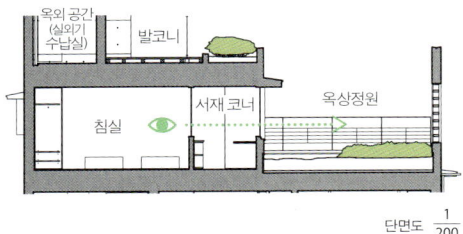

단면도 1/200

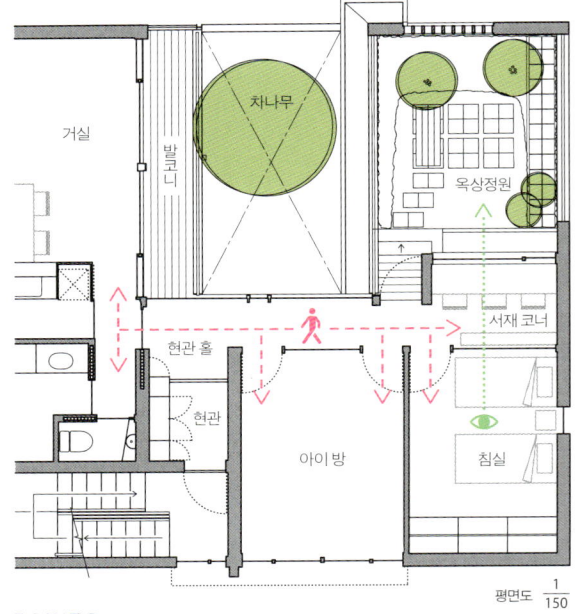

평면도 1/150

POINT1:
1층의 중정, 2층의 옥상정원, 3층의 공동 옥상정원을 시각적으로 연결해 1층과 2층에 거주하는 세대 사이에 적당한 거리감과 연대감을 동시에 부여했다

POINT2:
코트 하우스는 중정을 중심으로 생활이 전개된다

CHAPTER 2

반 층만큼 올린 높이에 설치한 전면 창

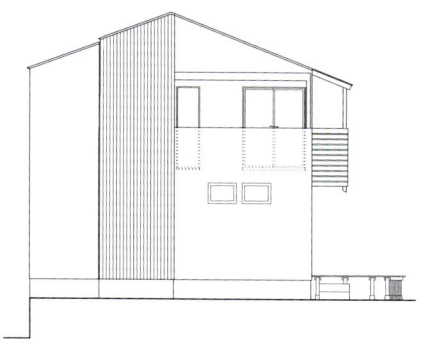

입면도 1/200

POINT1:
다소 높은 대지를 활용해 여유로운 전망을 확보했다

POINT2:
면도로의 경사면을 고려해 다다미방을 배치하고 전면 창을 내었다

ARCHITECT'S EYE
높은 대지에 있는 다다미방 창문 너머로 바깥 풍경을 내려다보면 마치 공중에 떠 있는 기분이 든다. (쓰루)

2 세부 공간

ROOM | 방

지대가 높은 덕분에 내려다보이는 전망이 근사하다

도로보다 반 층 가량 높은 대지에 세운 주택. 주로 앉아서 생활하는 좌식 공간을 만들어 1층이지만 통행인의 시선을 신경 쓰지 않고 마음껏 바깥 풍경을 즐길 수 있다. 지나치게 높지 않아 공포감이 적고 전면 창을 설치해 채광과 통풍도 탁월하다.

CHAPTER 2

집 안에 다도실을 만들다

거실 한구석의 장지문을 살포시 열면 아늑한 다도실이 펼쳐진다

ARCHITECT'S EYE
일상과 분리된 환상적인 공간은 주거자의 삶을 더욱 윤택하게 만들어준다. (쓰루)

취미로 다도를 즐기는 건축주의 요청에 따라 거실 안에 다도실을 만들었다.
손님이 오면 바로 다도실로 들어올 수 있도록 통로를 따로 만들고 집주인은 주방에서 응대할 수 있도록 동선을 설계했다.

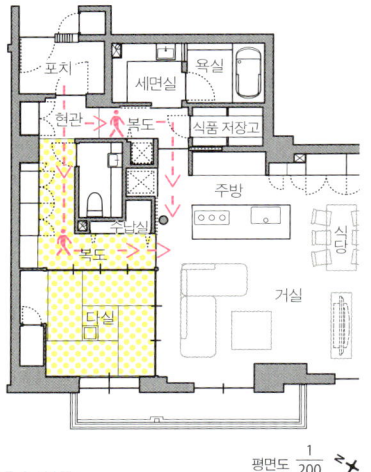

평면도 1/200

POINT:
현관에서 가족 전용 복도와 손님 전용 복도로 나뉜다

현관에서 다도실까지 직행하는 비밀스러운 통로

CHAPTER 2

하늘의 풍경을 독점하는 서재

벽과 창틀, 책상과 의자 등을 전부 화이트로 마감해 시각적 일체감을 높였다

2 세부 공간

ROOM | 방

경사진 건물 외형을 따라 유리창을 내어 책상 위로 드높은 하늘이 끝없이 펼쳐진다.

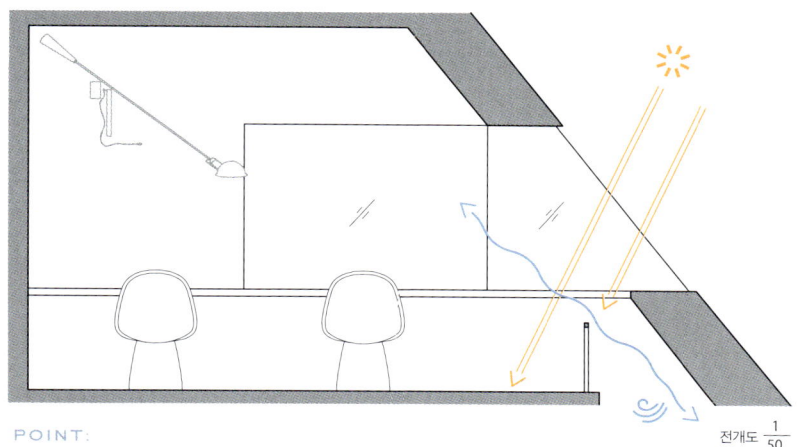

POINT:
지붕에서 책상까지 이어지는 널따란 개구부를 통해 탁 트인 개방감을 느낄 수 있다

전개도 1/50

CHAPTER 2

눈앞에 녹음이 펼쳐지는 숲속의 서재

1층에 거실과 침실을 배치한 코트하우스. 2층 일부는 옥상정원으로 꾸미고 안으로는 독서를 즐기는 집주인을 위한 서재로 만들었다. 옥상정원에 벤치와 테이블을 놓아 자연을 즐기면서 여유로운 한때를 보내는 근사한 공간이 되었다.

ARCHITECT'S EYE
옥상정원은 작은 면적으로 멋진 전망과 다양한 취미 생활을 가능케 하는 알토란 같은 공간이다. (쓰루)

상부에 와이어를 설치하고 등나무로 덮었다. 덕분에 나무 그늘 아래서 여유로운 휴식을 취하는 근사한 공간이 탄생했다

평면도 1/150

POINT 1 :
2층에 배치한 옥상정원은 통행인의 시선을 신경 쓰지 않고 편안하게 자연과 교감할 수 있는 장소다

POINT 2 :
모서리에 자리한 벚꽃나무를 마음껏 감상할 수 있도록 L자형 개구부를 외벽에 설치했다

가로로 긴 창문 건너편으로 싱그러운 녹음이 펼쳐지는 서재. 봄이 되면 큼지막한 벚꽃나무가 활짝 꽃을 피우며 환상적인 풍경을 선사한다

CHAPTER 2

반지하 도서실

가족이 소장하는 책들을 자유롭게 읽을 수 있도록 가족도서실을 마련했다. 반지하에 도서실을 배치해 더욱 아늑한 분위기를 풍긴다. 양쪽 창문으로 보이는 푸른 신록과 따사로운 햇살이 시간의 흐름을 잊게 한다.

ARCHITECT'S EYE

1.5층 높이의 천장을 가진 비밀스러운 도서실. 한쪽 벽을 가득 채운 책장이 거대한 존재감을 자랑한다. 대지에서 반층 가량 높이를 낮추고 초록빛 자연을 실내로 끌어들여 마치 나무 그늘에서 한가롭게 책을 읽는 행복한 분위기를 선사한다. (쓰루)

POINT:

반지하 도서실은 그보다 반 층 아래 위치한 침실에 빛과 바람을 들이는 역할도 한다.

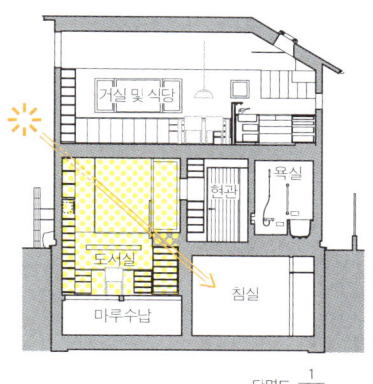

단면도 1/200

붙박이 책장 내부에 에어컨을 수납해 돌출부위 없이 깔끔한 면으로 마무리했다.

CHAPTER 2

높은 징두리 벽과 하늘 전망

다소 높은 부분에서 잘라나간 거리 풍경은 지붕 위로 하늘이 펼쳐진 색다른 전망을 선사한다

공부하기, 친구들과 놀기, 책읽기, 옷 갈아입기, 자기. 한 사람이 행하는 모든 생활이 이루어지는 아이 방에는 상상 이상으로 많은 벽이 필요하다.

여기서는 1,430mm 높이의 징두리 벽을 벽에 둘러 책장 및 책상, 벤치, 수납공간이 가능한 벽면을 확보했다. 징두리 벽 상부에 높이 1,000mm의 창문을 설치해 탁 트인 개방감과 채광이라는 두 마리 토끼를 잡는 데 성공했다.

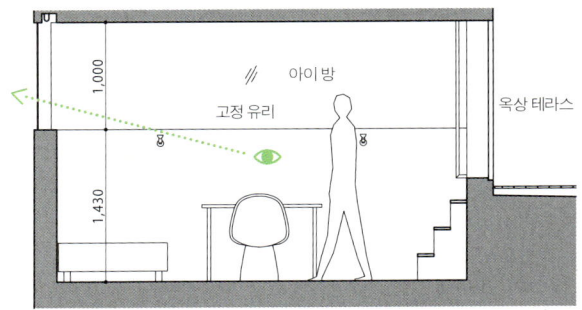

POINT:
벽의 높이는 1,430mm로, 일어서면 경치를 감상할 수 있고 앉으면 시야가 막혀 공부에 집중할 수 있다

CHAPTER 2

입체적인 도서관 같은 아이 방

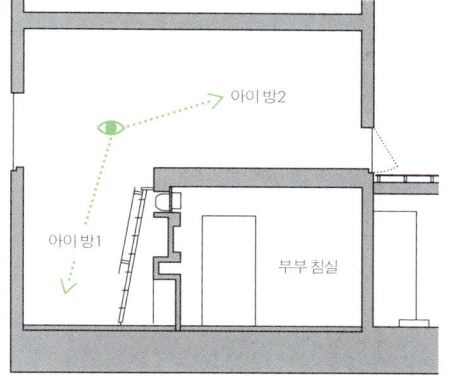

같은 천장을 공유하는 두 개의 아이 방

소나무 널빤지를 벽에 붙여 완성한 아이 방. 널따란 책장을 만들어 한쪽 면을 도서관처럼 꾸몄다. 1층에 있어도 탁 트인 천장과 고창을 통해 개방감과 채광을 확보하도록 설계했다.

단면도 $\frac{1}{125}$

POINT:
같은 천장을 공유해서 한 공간처럼 느껴지는 아이 방. 아이들의 성장을 고려해 높이 차를 만들어 독립성을 가미했다

2 세부 공간

ROOM | 방

스틸제 사다리가 있어 상하이동이 가능하다

CHAPTER 2

반지하 집필 공간

외부 시선을 신경 쓰지 않고 작업에 집중할 수 있는 내적인 공간이면서 동시에 답답하지 않은 개방감을 안겨준다.
작은 면적이지만 단차, 명암, 개폐 등의 요소를 골고루 갖춘 완벽한 독립 공간이다.

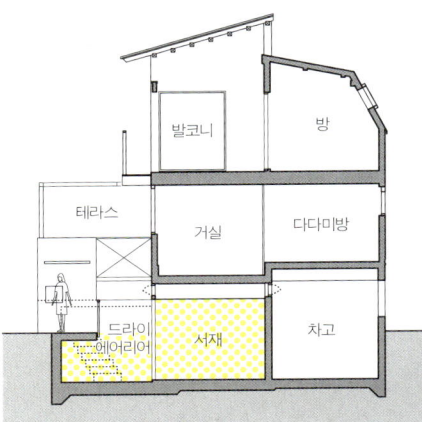

단면도 1/200

POINT:
전면도로와 1.3m의 단차가 통행인의 시야를 적절하게 차단시킨다

ARCHITECT'S EYE

지나치게 밝지 않고 적당히 폐쇄적인 반지하 공간은 글쓰기를 위한 공간으로 안성맞춤이다. (쓰루)

천장을 전면 유리로 만든 회의실

나무를 심은 드라이에어리어가 안과 밖을 원만하게 분리시킨다

CHAPTER 2

외부와 이어진 아틀리에

마루를 토방으로 마감하고 외부 단차를 없앤 개구부를 설치해 실내와 실외를 시각적으로 연결하고 공간을 확장시켰다

현관과 하나로 이어지는 출입구

ARCHITECT'S EYE

신발을 신은 채 들어가는 마루가 도로와 연속성을 높인다. (쓰루)

건축주의 사무소이자 주거공간이다. 커다란 개구부를 설치해 외부와 이어진 개방감을 부여했다. 업무차 방문하는 사람들이 주거공간임을 인식하지 못하도록 1층 마루를 토방으로 설계했다. 건축주가 애지중지하는 오토바이를 수납할 수 있으니 일석이조다.

CHAPTER 2

지하 공간 리노베이션

기존의 지하실은 빗물에 의한 누수 때문에 곰팡이가 심하게 발생해 호흡조차 곤란한 상태였다. 고심 끝에 건축가는 빗물이 들어오는 경로의 하나였던 외부 계단을 실내에 들이기로 결정했다. 채광과 환기를 위해 계단 위에 톱라이트를 설치하고 무용지물이 된 계단은 함께 사는 고양이 4마리의 놀이터로 활용했다. 그 결과, 골칫덩어리였던 누수 문제도 해결되고 고양이를 위한 즐거운 공간도 탄생했다.

ARCHITECT'S EYE
원래는 드라이에어리어를 겸했던 외부 계단을 하얗게 페인트 칠하고 내부로 끌어들여 공간 활용도를 높였다. (쓰루)

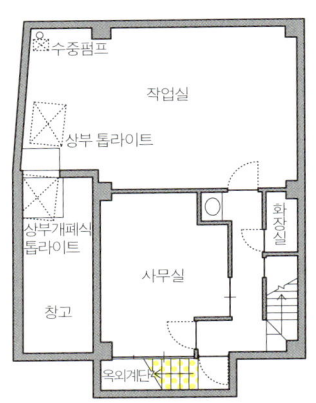

BEFORE

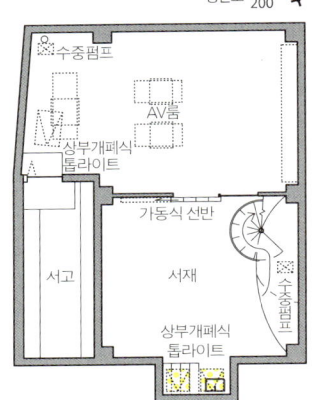

AFTER

애초 외부 계단이었던 것을 내부에 집어넣어 고양이 놀이터로 만들었다

집의 영역을 확장시키는 노하우

내가 어린 시절을 보낸 곳은 3DK의 14평짜리 다가구 주택이었다. 3평 남짓한 DK와 같은 면적의 방 하나, 2평 반 면적의 방 두 개가 맹장지를 사이에 두고 옹기종기 모여 있었다. 얇고 가벼운 맹장지는 닫아도 완벽하게 차단된 느낌은 아니었던지라 무척 개방적인 공간이었던 기억이 난다.

책상이 있는 2평 남짓한 공간이 내 방이었는데 딱히 나만의 공간이라는 느낌은 적었다. 나는 그날그날 기분에 따라 집 안 곳곳을 돌아다니며 책을 읽거나 빈둥거렸다. 심지어 복도에서 잠을 자거나 놀았던 적도 많다. 이처럼 집 전체가 열린 느낌이었기에 내 영역은 2평이 아니라 14평이었다. 개인실 및 서재, 현관, 복도, 배수시설을 유기적으로 이어지도록 설계하면 집의 가능성은 놀랄 만큼 확장된다. 어릴 적 내가 살던 집처럼.

사진은 거실의 한쪽 모서리에 마련한 서재의 모습이다. 거실과 다른 마감재와 날렵한 실버로 도장한 기둥이 영역을 구분하지만, 이곳은 분명 하나로 이어진 공간이다. 거실에 있든 서재에 있든 각각의 공간이 주변부로 확장되는 착각을 일으켜 집이 한층 넓어 보이고 활용도도 높아졌다. (쓰루 리코)

2 세부 공간

SANITARY

배수시설

개방감과 사생활 보호를 충족시키는 설계

배수시설은 욕실, 세면탈의실, 화장실을 말한다.

욕실은 다른 방과 달리 광택 있는 마감재를 사용하는 경우가 많다. 예전에는 실용성만 강조해 감추거나 무조건 구석에 배치하는 것이 전부였지만, 삶의 질을 중시하는 현대에는 욕실이 휴식과 명상의 장소로 여겨지는 추세다. 톱라이트나 은은한 간접 조명을 설치하거나 오브제처럼 보이는 욕조를 만드는 등 다양한 아이디어를 활용해 욕실을 아름답고 편안한 공간으로 만드는 집들이 많아졌다.

세면탈의실은 욕실과 이웃해 배치하는 것이 일반적이다. 그러나 손님도 사용하는 세면실과 가족 전용 탈의실 및 욕실이 혼재되면 사생활 면에서 불편한 점이 생긴다. 이때 세면탈의실과 욕실을 가까이 놓더라도 칸막이를 적절히 설치해 공간을 분리하면 단점이 보완된다. 세면대가 반드시 욕실에 있어야 한다는 생각도 고정관념에 불과하다. 발상을 전환해 현관이나 거실 등 틈나는 대로 가볍게 손을 씻을 수 있는 곳에 설치하면 생활 동선이 한결 편해진다.

화장실은 소리와 냄새를 고려해 사람들이 모이는 곳에서 가급적 떨어진 공간에 배치한다. LDK에 가까이 두는 경우에는 거실 방향으로 화장실 문을 놓지 않도록 하자. 여기에 톱라이트를 설치해 빛을 유입시키면 화장실에서 보내는 시간이 쾌적해진다. 주변의 시선을 차단하면서 바깥 경치를 즐길 수 있는 테라스에 화장실을 배치하는 방법도 추천할만하다.

배수시설과 테라스는 서로 궁합이 좋다. 테라스와 연결시킨 욕실은 노천탕처럼 운치가 있고, 테라스에서 젖은 옷도 말릴 수 있으니 안락함과 기능성을 둘 다 잡을 수 있어 일석이조다. 더욱이 테라스에 면한 욕실은 충분한 환기가 가능하니 위생적으로도 바람직하다.

CHAPTER 2

자연광으로 내부를 밝히는 배수시설

내부에 들어섰을 때 가장 먼저 시선이 머무는 화장실 안쪽 벽을 상큼한 민트색으로 마감했다.

세면실과 화장실은 프라이버시를 고려해 창을 설치하기 어렵다. 여기서는 천장 위로 톱라이트를 설치해 따사로운 자연광을 내부로 들였다.
화장실 입구는 미닫이문으로 설치해 공간 활용도를 높이는 동시에 세면실과 연속되는 느낌을 연출했다.

ARCHITECT'S EYE
주변 건물과 인접해 옆으로 창을 내기 어려워도 하늘은 열려 있음을 잊지 말자. (하세베)

POINT:
톱라이트를 천장보다 500mm 높은 위치에 설치해 햇빛이 위에서 쏟아져 내리는 분위기를 연출했다.

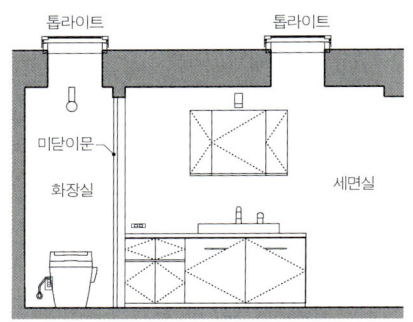

단면도 1/200

CHAPTER 2

위에서 내려오는 빛을 가득 머금은 고요한 욕실

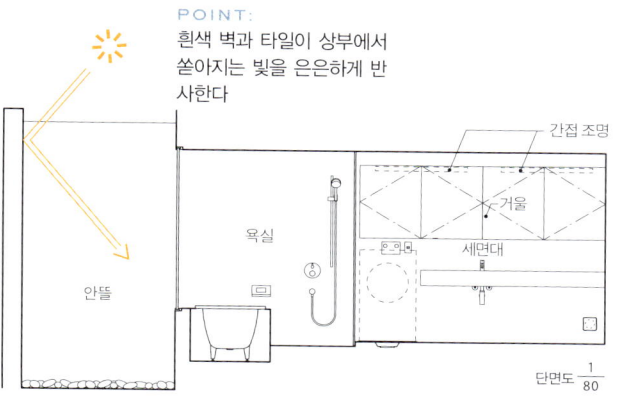

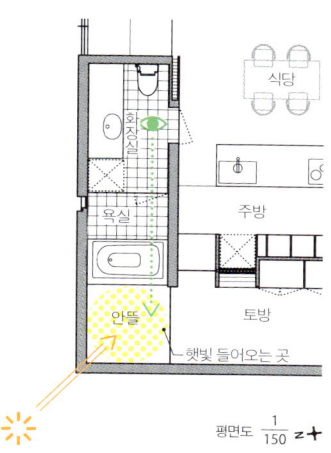

ARCHITECT'S EYE

화장실과 욕실, 주방 등 물 쓰는 공간을 모아 기능성을 높이고 배관 설치비를 절약했다. 안뜰은 사생활을 보호하면서 자연광을 유입시키는 역할을 한다. (하세베)

올 화이트로 마감한 공간 내부로 상층의 빛이 한가득 쏟아지면 신비로운 분위기가 흐른다.

청결감을 주는 화이트 일색의 욕실은 실제 면적보다 훨씬 넓어 보인다

CHAPTER 2

하늘을 독점하는 욕실

출입문과 고정창을 배치한 전면 개구부. 출입문을 유리로 마감해 심플함을 강조했다.

사선제한에 의해 생긴 널찍한 북쪽 테라스. 테라스 안쪽으로는 푸른 하늘을 독점하는 욕실이 존재한다.
욕실 바닥을 세면실 바닥보다 80mm 낮추어 물 빠짐에 대비했으며 욕실과 테라스를 전부 흰색으로 마감해 일체감을 높였다.

POINT:
천장에 커튼레일을 달아 목욕을 할 때는 커튼으로 외부 시선을 차단한다.

ARCHITECT'S EYE
군더더기 없는 형태와 색상을 매치해 연속성과 개방감을 확보했다. (하세베)

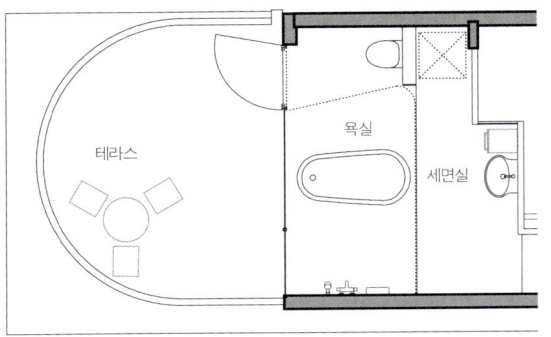

평면도 1/100

CHAPTER 2

외부와 부드럽게 이어지는 투과성 높은 욕실

널찍한 개구부를 설치하고 기존의 나무들을 가리개로 활용한 개방적인 욕실. 고지대라는 입지를 살려, 울창한 수목을 블라인드로 활용해 외부 시선을 차단하는 동시에 내부에서는 여유롭게 풍경을 만끽하는 욕실을 완성했다.

2 세부공간 | SANITARY | 배수시설

정원 면적과 나무들로 외부의 시선을 자연스럽게 차단한다

POINT:
대형 유리창으로 둘러싸인
개방감 넘치는 욕실

평면도 1/250

97

CHAPTER 2

채광과 환기에 탁월한 배수시설

2층 북쪽에 배치한 배수시설. 맞배지붕의 특성을 이용해 상부에 고창을 설치함으로써 채광과 통풍을 확보했다. 욕실 문을 열면 삼면으로 환기를 시킬 수 있다.

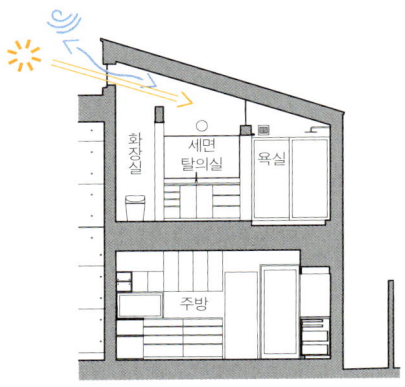

단면도 1/150

POINT 1:
사선제한에 따라 설계한 맞배지붕을 활용해 채광과 환기를 해결했다

평면도 1/250

POINT 2:
배수시설은 채광이 좋고 물기가 잘 마르는 남쪽이 이상적이다. 그러나 다른 방의 우선순위에 밀려 실제로 남쪽에 배치되는 경우는 많지 않다

상부에 설치한 유리 고창은 욕실로 햇빛을 끌어들이고 시선을 확장시켜 공간을 넓어 보이게 한다

ARCHITECT'S EYE

충분한 채광과 환기를 고려해 설계한 욕실. 덕분에 이곳에서 보내는 시간이 한층 여유롭고 쾌적해졌다. (하세베)

CHAPTER 2

주변 공간과 이어지는 욕실

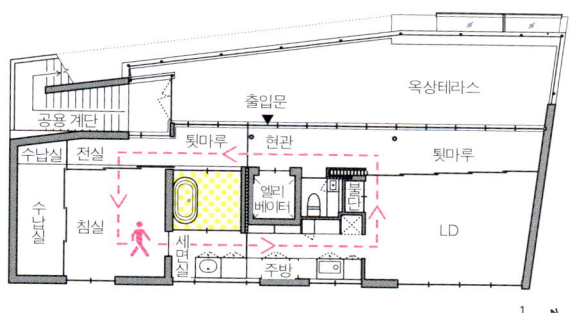

집의 중심부에 배수시설을 배치하고 동선에 순환성을 부여했다. 욕실을 둘러싸듯이 복도를 배치해 어떤 방향에서도 편하게 욕실을 사용할 수 있다.

평면도 1/250

POINT:
집 안의 중심부에 배치해 침실과 툇마루, 주방과 자연스럽게 연결되는 욕실

세면실과는 유리 칸막이로 공간을 구분했다

툇마루와 옥상 테라스가 보이는 욕실 전망

CHAPTER 2

투명 유리로 구분한 배수시설

거실에서 유리문을 통해 발코니와 세면실, 샤워대가 보인다

임대 주택의 사례. 욕실을 투명 유리로 구분하고 LD 사이에 발코니를 삽입해 채광과 프라이버시를 확보하는 동시에 공간에 연속성을 부여했다.

평면도 1/250

POINT:
임대용 방에 설치한 세 개의 배수시설은 투명 유리로 구획을 구분했다

CHAPTER 2

숲속의 샘처럼 연출한 욕실

모든 경계를 제거한 아늑한 욕실. 욕실은 사용 시간과 상관없이 늘 일정한 면적이 있어야 한다. 설계 당시부터 시각적인 즐거움을 주도록 연출하면 사용하지 않는 시간에는 멋스러운 공간으로 탈바꿈한다.

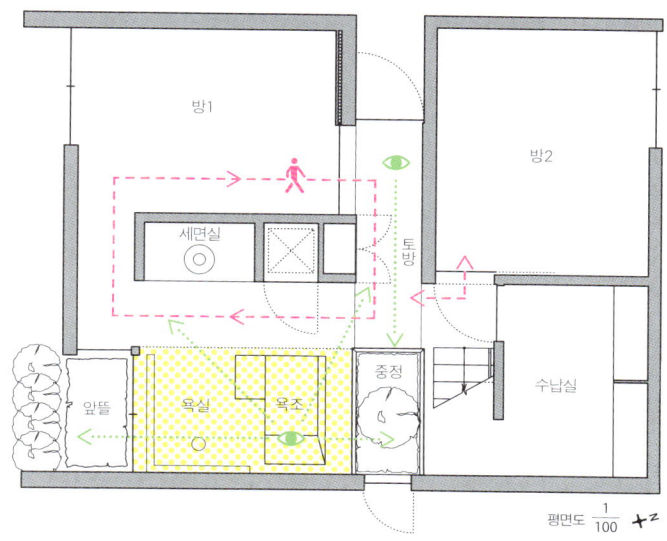

ARCHITECT'S EYE

지반 아래로 깎아 만든 욕조는 마루와 같은 소재로 마감해 얼핏 보면 신비로운 샘처럼 보인다. 사용하지 않을 때 오픈해둔 욕실은 동양풍의 환상적인 분위기를 자아낸다. (하세베)

POINT1:
모든 경계를 제거하고 자유로운 시야와 동선을 확보한 욕실

POINT2:
1층과 2층이 이어진 열린 공간을 통해 욕실에서 위층까지 시선이 닿는다

경계 없이 개방된 욕실

CHAPTER 2

정원의 신록을 마음껏 즐기는 욕실

상부 창은 가림막 유리로 마감해 이웃집 시야를 차단하고 하부 창으로 풀빛 신록을 느끼도록 했다. 햇빛이 가림막 유리를 통해 은은하게 실내에 퍼진다.

방과 욕실은 같은 정원을 공유한다.

ARCHITECT'S EYE
공간을 더욱 효과적으로 활용한 아이디어가 돋보인다. (하세베)

POINT:
가림막 유리를 설치해 사생활을 보호하고 채광을 확보한 욕실 개구부

평면도 1/150

욕실에서 자연을 즐기고자 메인 정원 이외에 욕실 주변에 정원을 따로 만드는 일이 있는데, 협소한 대지에서는 그림의 떡일 뿐이다. 그렇다면 처음부터 욕실을 메인 정원 가까이 배치하는 방법도 괜찮은 대안이다. 여기서는 다다미방 옆에 욕실을 배치해 두 공간에서 메인 정원의 녹음을 만끽하도록 했다.

CHAPTER 2

테라스가 딸린 개방적인 욕실

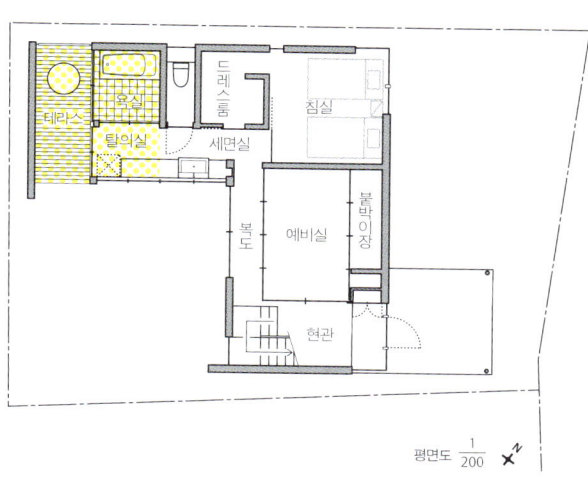

평면도 1/200

POINT:
욕실과 탈의실에서 테라스의 녹음을 즐길 수 있다

이웃집 사이에 독립 벽을 세우고 상부는 하늘로 향해 오픈한 욕실 테라스

욕실에 면한 위치에 나무를 심은 테라스를 만들어 개방감 넘치는 욕실을 만들었다. 옆집과의 사이에는 독립된 벽을 세워 프라이버시를 확보했다.

CHAPTER 2

FRP로 마감한 욕실과 세면탈의실

욕실과 세면탈의실은 FRP로 방수와 마감을 겸해 비용을 절감했다.
개구부나 거울 등도 통일성 있는 소재를 선택해 공간이 한층 깔끔하고 넓어 보인다.

ARCHITECT'S EYE
통일성 있는 소재와 화이트 컬러를 사용하면 실제 공간보다 넓어 보이는 효과가 있다. (하세베)

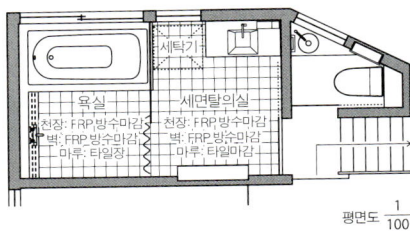

평면도 $\frac{1}{100}$

창과 거울도 전체적인 분위기에서 튀지 않도록 깔끔한 디자인을 선택했다

FRP(섬유 강화 플라스틱으로 가볍고 튼튼하며 성형성이 좋아 조형물 자재로 많이 쓰인다-역주)로 방수 마감한 욕실. 벽과 카운터, 욕조의 표정이 단정해 청결한 인상을 준다

CHAPTER 2

각기 다른 세대를 고려한 욕실

ARCHITECT'S EYE
건축주의 라이프스타일을 반영해 설계한 집은 거주자들의 삶을 더욱 쾌적하게 만든다. (하세베)

젊은 세대가 사용하는 욕실. 이동식 욕조는 필요에 따라 나중에 붙박이식으로 개조가 가능하다

두 세대가 사는 주택의 욕실. 자녀 세대는 비용 절감과 개방감을 중시해 이동식 욕실로 설계했다. 반면, 부모 세대는 안전하게 입욕할 수 있고, 서서 샤워할 때도 피로하면 잠시 걸터앉을 수 있도록 옆면이 넉넉한 붙박이형 욕조로 만들었다.

장년층 세대가 사용하는 욕실. 욕조의 옆면을 넓혀 편하게 걸터앉아 목욕할 수 있도록 했다. 필요하면 난간도 설치할 수 있다

COLUMN

욕실의 기능과 영역을 확장시키다

집의 내부에 욕실이 파고든 역사는 생각 외로 길지 않다. 본래 집 밖에 있던 욕실이 주택 성능의 발달과 편리성의 추구로 인해 실내로 들어오게 되었지만, 몸을 청결하게 하는 장소에 불과했기에 가장 구석의 비좁은 공간에 배치했다. 그러나 최근에는 욕실이 피로를 풀고 휴식을 취하고 더 나아가 여유롭게 기분을 전환하는 장소로 중요하게 부각되기 시작했다. 벽걸이 TV와 값비싼 욕조를 설치하고 채광과 전망이 가장 좋은 곳에 욕실을 배치하는 경우도 많아졌다.

욕실의 쾌적함을 중시하는 추세가 늘어나면서 개방성이 강화되어 요즘에는 욕실을 다시 집 밖에 배치하는 일마저 생기고 있다니 참으로 아이러니가 아닐 수 없다.

실외에 욕실을 두면 여유롭고 풍요로운 삶을 누릴 수 있지만, 외부 시선은 더욱 신경 써야 한다. 실내에 둔다면 침실처럼 프라이버시 보호를 염두에 둔 공간과 이어지도록 배치하는 것도 좋다. 혹은 욕실 테라스를 설치해 완충지대를 만들면 사생활을 보호하면서 시각적인 개방감도 얻을 수 있다. 참고로, 1인 가구처럼 집 안에서 프라이버시를 크게 신경 쓸 이유가 없는 경우에는 거실과 욕실을 가까이 배치하고 유리로 각각의 공간을 구분해 탁 트인 시야와 개방감을 확보하는 방법도 추천할 만하다.

욕실에 투자할수록 삶은 풍요해지지만, 그만큼 건조와 온수, 욕실 바닥 난방 등 기능성에도 각별히 신경 써야 한다. (하세베 쓰토무)

CHAPTER

3

외관

FACADE
외관

EXTERIOR
외구 구조

FACADE
외관

주변과 조화를 이루면서 개성을 담아내다

외관이란 바깥에서 바라보는 집의 정면으로, 파사드(건물의 전면에 출입구가 있을 때 주요 도로가 붙어있는 외벽의 모습-역주)라고도 한다. 일이 끝나고 집으로 돌아가는 길, 집 앞 도로에서 가까워지는 집을 바라보며 긴장을 풀고 편안함을 느끼는 광경은 상상만 해도 행복하다. 여기에 건축주의 취향에 쏙 들어맞는 근사한 외관이라면 더 바랄 게 없으리라. 그렇다고 지나치게 개성만 추구한 나머지 주변 환경과의 조화를 간과하면 곤란하다. 어디까지나 주위 풍경에 잘 녹아드는 범위 안에서 건축주의 개성을 담아내야 한다.

집의 외관은 온갖 건축법 때문에 무한한 상상력을 발휘하기엔 까다로운 제약이 많은 게 사실이다. 때문에 건축가는 법규가 정한 틀 안에서 건축주의 요구를 충족시키기 위해 최대한 다양한 고민을 해야 한다.

개구부 모양도 외관 이미지에 많은 영향을 끼치는 요소다. 채광과 통풍을 위해 화장실이나 욕실을 외부를 향해 설치하는 경우, 일반적으로 쓰이는 욕실 개구부를 달면 미관상이나 방범 및 사생활 보호에도 적합하지 않다. 밖에서 봤을 때 그곳이 화장실이나 욕실인지 알 수 없도록 창문이나 문의 소재 및 디자인을 기존과 다르게 궁리해볼 필요가 있다.

한편, 외부 마감재는 제약도 적고 선택의 폭이 다양하므로 과감한 시도를 해볼 수 있다. 건축주의 취향에 부합하는 독특한 소재를 사용한다면 그만큼 집에 대한 애착도 커진다.

3
외관

CHAPTER 3

곡면 슬라브가 만들어내는 음영

테라스 난간을 높게 설치해
외부 시선을 차단한다

인상적인 음영의 파사드

곡면 슬라브(콘크리트 구조의 천장 및 바닥 부분-역주)는 테라스의 난간인 동시에 아래층의 차양이기도 하다. 곡면으로 생겨난 음영이 하루 종일 외관에 부드러운 실루엣을 전해준다.

ARCHITECT'S EYE
독특한 기하학적 외관이 눈길을 사로잡는 건물. 마치 하나의 거대한 오브제처럼 보인다. (무라타)

CHAPTER 3

사선제한을 활용한 독특한 외관

사선제한 때문에 3층의 외벽 일부를 비스듬하게 깎아내렸다. 그로 말미암아 생긴 틈새에 톱라이트를 설치해 햇빛을 끌어들였다. 2층과 3층의 엇갈린 형태는 인상적인 외관을 연출하고 밤이 되면 실내조명이 톱라이트를 통해 외부로 은은한 빛을 품어낸다.

POINT:
2층과 3층의 부피감의 차이를 활용해 채광을 확보했다

ARCHITECT'S EYE
사선제한을 적극적으로 이용해 독특한 외관과 채광을 얻었다. (무라타)

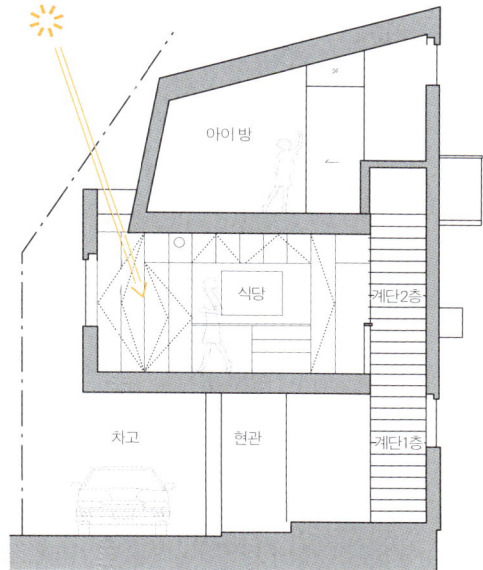

단면도 $\frac{1}{125}$

틈새에서 쏟아지는 햇살이 시시각각 다양한 표정을 보여준다

지붕 틈새에 톱라이트를 설치해 실내에서 하늘을 바라보고 햇빛을 만끽하도록 했다

CHAPTER 3

닫힌 외관

사면이 집들로 둘러싸여 프라이버시 확보가 무엇보다 시급했다. 외부로 닫힌 구조로 만들면서 통풍과 채광을 고려해 최소한의 개구부를 설치했다.

ARCHITECT'S EYE

주택 밀집지에서 불필요하게 창을 만들면 프라이버시에 신경을 쓰느라 늘 창에 커튼이나 블라인드를 쳐야 한다. 만들어도 사용 빈도가 낮다면 차라리 최소한의 개구부만 만드는 것이 효과적이다. (무라타)

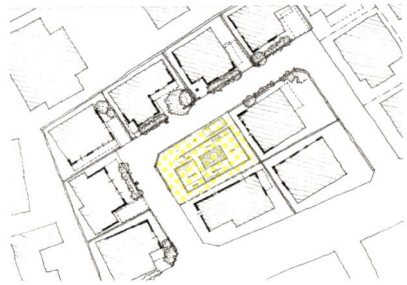

POINT: 사면이 옆집의 창에 둘러싸여 있다

입구도 한 발자국 안에 들어간 장소에 만들었다

주변의 시선을 차단하고 통풍을 확보하기 위해 최소한의 개구부만 설계했다

CHAPTER 3

두 가지의 외벽 마감으로 위압감 없는 외관

목조주택이 즐비한 주택지에 세운 3층 건물. 1층에는 도로를 향해 개방한 문과 출입구가 있다. 여는 방식과 소재가 제각각이면 자칫 산만해 보일 우려가 있어 왼쪽 출입문을 제외한 문을 상온 아연 도금판으로 마감했다.
1층의 시크한 실버 컬러와 2층의 은은한 화이트 컬러의 세련된 대비가 건물을 한층 개성 있게 만든다.

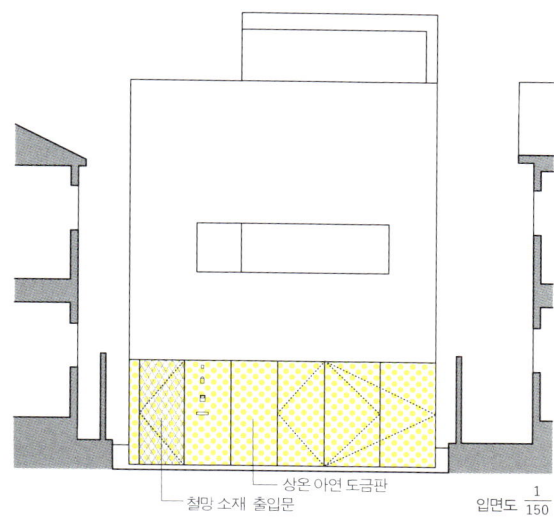

POINT:
철망으로 짠 출입문은 빛을 통과시키고 상온 아연 도금판으로 마감한 나머지 부분은 빛을 반사한다

ARCHITECT'S EYE
현관 주변에 필요한 요소들을 동일한 소재로 통일해 군더더기 없는 심플한 분위기를 연출했다. (무라타)

1층 맨 왼쪽에 철망 소재의 출입문을 설치했다

오른편 문은 접이식으로 설계했다

CHAPTER 3

골목길에 설계한 필로티형 포치

골목길 앞에 필로티를 설치해 건축주의 오토바이를 주차하는 공간으로 만들었다. 주변보다 다소 낮은 대지의 특성상 통풍을 각별히 신경 써서 습기가 쌓이지 않도록 했다

ARCHITECT'S EYE
한정된 면적에서 지붕이 있는 주차공간을 설계하기는 무척 어렵다. 여기서는 막다른 곳을 필로티로 설계해 개방성과 주차공간을 동시에 확보했다. (무라타)

이웃집까지 시선이 이어지는 포치에는 나무를 심어서 사시사철 녹음을 즐긴다

길고 좁은 통로의 막다른 길에 현관문이 있다면 시선과 동선이 답답해질 우려가 있다. 따라서 본래의 '안쪽으로 점점 들어가는 거리감'을 활용해 필로티로 만들었다. 그 결과 탁 트인 시야와 개방감, 골목길에서 확보하기 어려운 주차공간까지 갖게 되었다.

POINT:
필로티의 넓은 공간은 비가 오는 날 요긴하게 사용될 뿐만 아니라 주차공간으로도 이용할 수 있어 쓰임새가 무척 높다

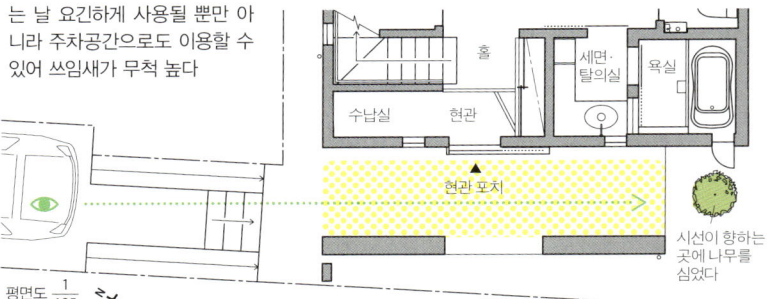

CHAPTER 3

깃대 부지 · 방문자를 반겨주는 진입로

도로에서 집의 불빛이 보여 가족들을 반겨준다.

깃대 부지(폭이 좁고 길쭉한 깃대 모양 부지-역자)와 골목 부지(막다른 골목에 위치한 부지-역자)의 경우, 도로에서 진입로까지 일정 거리를 걸어야 한다. 이 때, 돌아오는 이를 마중하는 아이디어를 연출해보면 어떨까. 다소 먼 거리라도 걸어가는 일 자체가 즐거워질 터. 여기서는 깃대 부분에 돌출된 개구부를 설치해 가족의 귀가를 맞이하는 등불과 같은 효과를 연출했다. 실내에서는 멀리까지 시선이 닿는 널찍한 조망을 확보할 수 있어 일석이조.

ARCHITECT'S EYE
집안의 등불이 오는 이를 따뜻하게 맞이해 준다면, 이 집을 방문하는 모든 사람이 기쁘고 안정된 기분을 느낄 것이다. 도로에서 조금밖에 보이지 않는 외관을 멋지게 활용한 사례(무라타)

POINT: 깃대 부분에 건물을 세우는 대신 탁월한 조망을 최대한 활용했다.

평면도 1/250

CHAPTER 3

성격이 다양한 외부공간을 깔끔하게 통일하다

왼편의 주차 공간과 중앙의 진입로 바닥에 동일한 소재를 깔고 담장과도 색상을 맞췄다. 덕분에 각기 다른 용도의 공간이 깔끔하게 어우러진다.

넉넉한 대지가 아니라면, 도로에 면한 공간에는 다양한 용도를 지닌 장소를 배치하기 마련이다. 여기서는 주차 공간, 진입로, 주차장, 정원 등 성격이 다양한 외부공간의 색감과 재질을 통일시켜 깔끔한 외관을 완성했다.

POINT:
녹지를 분산 배치해 집 곳곳에서 계절감을 즐긴다.

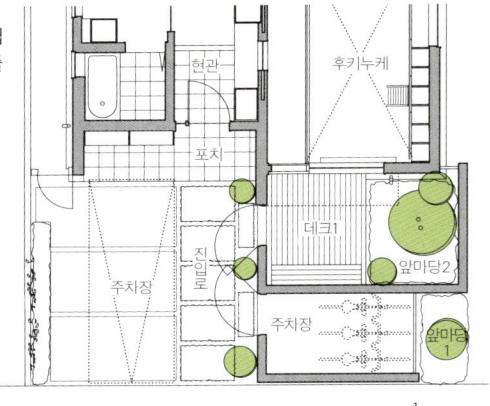

평면도 1/150

CHAPTER 3

주차공간과 일체화된 진입로

POINT:
말끔하게 정돈된 진입로의 디딤돌은 삭막해 보이지 않도록 돌과 돌 틈새에 잔디를 심었다. 디딤돌의 크기를 달리해 진입로와 주차공간을 자연스럽게 구분한 아이디어가 돋보인다

동서로 긴 대지를 삼등분해 공간을 분할했다. 도로에 면한 서쪽은 진입로와 주차공간으로 할애했다. 한정된 공간 안에서 자투리 공간마다 나무를 심어 녹음이 풍부한 주변 환경과 조화를 꾀했다.

싱그러운 초록 잔디와 은회색 디딤판이 상쾌한 조화를 이룬다

오른편에는 모과나무를, 왼편에는 울타리에 개나리, 재스민을 달아 옆집과 자연스럽게 경계면을 이루었다

CHAPTER 3

개구부를 억제해 개성 있는 외관을 연출하다

콘크리트 벽에 나무 무늬를 입힌 대형 울타리가 건물 외벽과 통일성을 이룬다

날이 저물면 은은한 빛이 퍼지며 한층 존재감이 두드러진다

ARCHITECT'S EYE

개구부를 만들면 실내 분위기가 외부로 전해지기 마련이다. 여기서는 개구부를 최대한 억제해 생활 노출을 줄이고 외관의 고요한 아름다움을 최대치로 끌어올렸다. (무라타)

맞배지붕의 외관은 개구부를 억제해 군더더기 없이 심플한 아름다움을 강조했다. 적삼목 외벽과 나무 무늬 질감을 갖는 콘크리트 울타리가 차분하고 정적인 분위기를 더한다. 어둠이 깔리면서 유일하게 설치한 출입구에 은은한 조명이 켜지면, 한적한 산속 별장처럼 서정적인 운치가 넘친다.

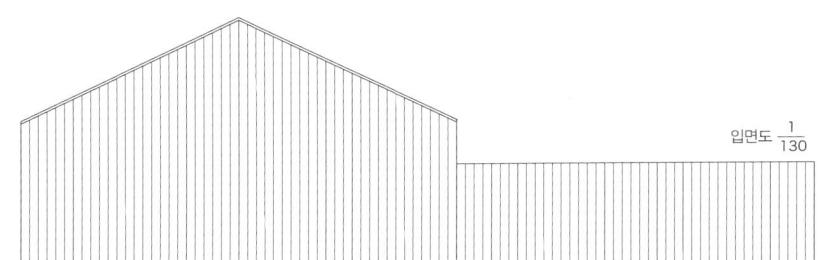

입면도 $\frac{1}{130}$

CHAPTER 3

이웃집 녹지를 진입로에 끌어들이다

ARCHITECT'S EYE

협소지에서는 좁은 길과 집을 어떻게 연결하느냐에 따라 전체적인 인상이 좌우된다. 단 한 개의 창이나 문을 유용하게 활용하면 실제 면적 이상의 개방감을 느낄 수 있다. (무라타)

방범용 유리를 설치한 현관문 너머로 뒤편 공원의 수목이 보인다

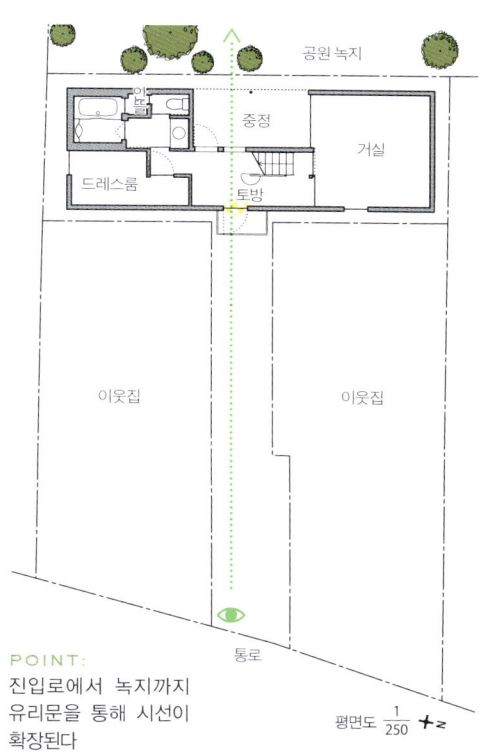

POINT:
진입로에서 녹지까지 유리문을 통해 시선이 확장된다

평면도 1/250

현관문을 유리문으로 설계해 시각적인 개방감을 확보했다

망치 형상을 한 토지에 세운 협소 주택. 망치의 손잡이 부분이 진입로이고 그 앞으로 공원의 녹지가 펼쳐진다. 답답함을 해소하고자 출입문을 유리문으로 달아 뒤편의 녹지를 끌어들여 시각적인 여유를 확보했다.

CHAPTER 3

협소한 진입로에 아기자기한 변화를 부여하다

30평 남짓한 대지에 정원, 건물, 차고, 진입로까지 알뜰하게 공간을 할애했다. 비좁은 진입로가 단조로워 보이지 않도록 한 건축가의 세심한 배려가 엿보인다.

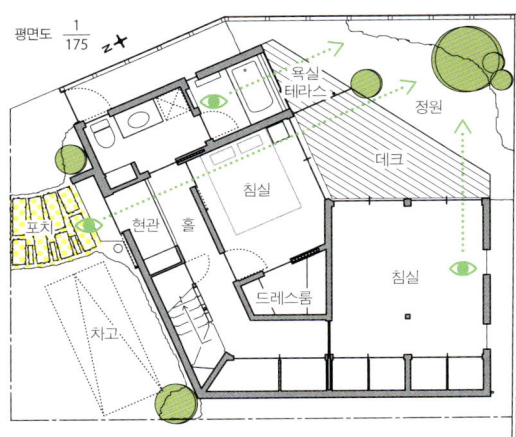

POINT 1:
자갈밭과 화강암 침목으로 공간을 구분해 진입로와 주차공간을 나누었다

POINT 2:
침실이나 욕실, 현관에서 모두 정원의 전망을 감상할 수 있도록 공간을 배치했다

비좁고 복잡한 샛길 구석에 자리한 주택

화강암 틈새에 잔디를 심은 산뜻한 현관에 들어서면 홀과 침실 너머로 정원이 보인다

CHAPTER 3

중정을 가진 맞배지붕 주택

중정의 녹음이 보인다

ARCHITECT'S EYE
개구부를 최대한 조절해 심플한 외관을 만들었다. 외부에서 채광을 기대하기 어려운 만큼 중정을 설계해 내부에서 채광을 확보했다. (무라타)

POINT:
벽으로 둘러싸인 테라스를 통해 거실이 외부로 오픈된다

밀집지를 향해 닫혀 있는 맞배지붕형 주택. 외벽과 중정 사이에 유리 없는 창을 설치해 통풍과 채광 효과를 높였다. 중정의 거리감 덕분에 안쪽에 있는 거실에서는 커튼을 달지 않아도 외부 시선이 차단된다.

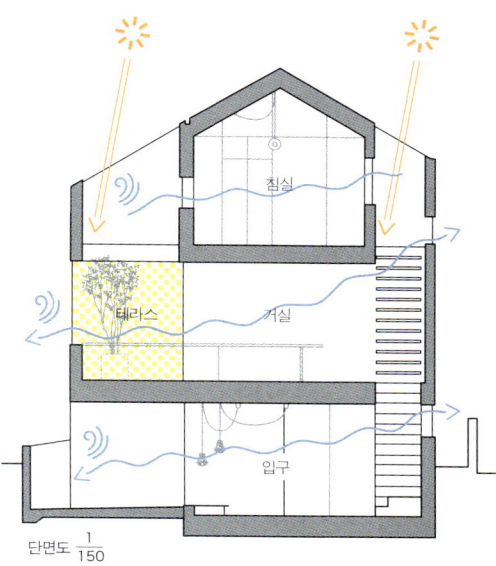

단면도 1/150

CHAPTER 3

전원 풍경에 녹아들어 환경과 공생하다

조용하고 한가로운 풍경에 녹아드는 심플한 외관. 커다란 지붕 형태가 강한 남풍은 위로 올리고 차양 아래로 불어오는 부드러운 바람은 실내로 들인다. 이를 위해 1층 바닥고를 높여서 개구부와 차양의 높이를 조절했다.

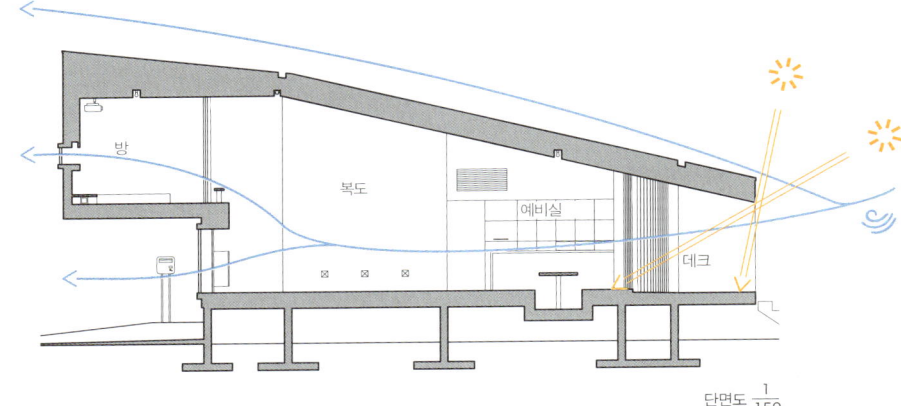

단면도 1/150

ARCHITECT'S EYE

주변 환경과 멋지게 조화를 이루는 개방적인 주택. 기온과 전망을 꼼꼼히 조사해 기능성과 심미성이라는 두 가지 요소를 동시에 확보했다. 탁 트인 데크는 바람과 경치를 만끽하며 휴식을 취할 수 있는 이 집 최고의 명당이다. (무라타)

차분하고 정갈한 건물 외벽과 초록 융단을 깔아놓은 듯한 앞마당, 여기에 푸른 하늘이 더해져 멋진 하모니를 이룬다

남쪽에서 불어오는 강한 바람을 위로 받아넘기는 큼지막한 지붕

CHAPTER 3

옹기종기 모인 집

도예 작업실이 딸린 주택. 작업실을 주거 공간에서 분리하고 싶다는 건축주 요청과 고층 건물이 없는 주변 환경을 고려해 각각의 용도에 맞는 공간을 분산 배치했다. 작은 마을처럼 대지 안에 사이좋게 모인 건물들은 거리의 풍경과 편안하게 조화를 이룬다.

POINT:
대지 귀퉁이에 정원을 마련해 이웃집과 경계가 모호해졌다. 덕분에 한정된 대지보다 확장된 개방감이 느껴진다.

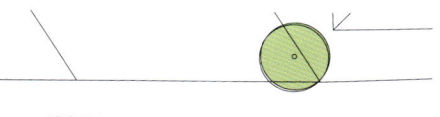

전면도로

ARCHITECT'S EYE

집이 주변 풍경에 자연스럽게 녹아들도록 건물 높이를 낮췄다. 지붕의 연속성을 의도한 배치는 시각적 즐거움을 선사한다. 건물마다 조금씩 천장 높이에 변화를 주고 창문 밖으로 보이는 외부 전경도 달라 내부에서 지내는 사람도 색다른 재미를 느낄 것이다. (무라타)

평면도 1/300

단층 건물을 분산시켜 주변 거리에 압박감을 주지 않는다.

CHAPTER 3

기존 건물의 형태를 최대한 활용한 알뜰 리노베이션

지붕 형상은 누수의 위험이 적은 심플한 경사 형태로 설계했다

이 집은 과거 몇 번의 증축을 통해 부자연스러워진 외관을 가다듬고 잦은 누수를 해결하기 위한 전면적인 리노베이션을 진행했다. 아울러 지진에 대비한 내진보강도 포함시켰다. 예산 절약을 위해 지붕은 전체적인 건물의 형상을 그대로 살려 심플하게 재구성했다. 외형은 크게 달라지지 않았음에도 세련되고 독특한 외벽재 덕분에 전혀 다른 인상의 건물처럼 보인다.

개수하기 전에는 지붕 형태가 복잡해 누수의 원인이 되었다

개수한 뒤 거실의 모습. 천장을 높이고 감춰진 대들보를 노출시켰다

ARCHITECT'S EYE
같은 소재로 마감한 ㄱ자 지붕과 외벽이 개성적인 악센트가 된 건물. 개수하기 전과 기본적인 형태는 같지만, 분위기가 한결 세련되고 말끔해졌다. (무라타)

안과 밖의 연속성을 고려한다

집을 만들 때 중요한 것은 '안과 밖의 연결'이다. 집안에서 하늘이나 풍경을 감상하도록 외부 요소를 끌어들이면 한층 삶이 풍요로워진다. 내진성이나 에너지 절감처럼 집의 기본적인 기능을 간과해선 안 되지만 삶의 본질은 그 너머에 있다고 생각한다.

사진 속 주택은 정원에 면한 발코니에 톱라이트를 설치한 지붕을 달았다. 왼편에 자리한 취미실을 통해 발코니에 들어서면, 풍부한 녹지와 청명한 하늘이 눈앞에 펼쳐진다. 의자에 앉아 차를 곁들인다면 삶 속에서 맛보는 그야말로 최고의 힐링이 아닐까.

도면상으로는 이동하는 통로에 불과하지만, 면적을 여유 있게 할애해 테이블과 의자를 놓고 지붕을 만들면 테라스 카페 못지않은 호사스러운 공간이 탄생한다. 집안의 생활공간에서는 얻기 힘든 삶의 풍요로움이 생겨나는 것이다. (무라타 준)

EXTERIOR
외부 구조

실내에서 확장된 생활공간

외부 구조란 도로 및 대문에서 현관까지의 진입로, 정원, 데크, 차고, 발코니, 옥상정원 등 건물 외부에 있는 생활공간을 말한다. 다양한 아이디어로 이 외부 공간을 안락하고 쾌적한 생활공간으로 만들면 삶이 더욱 윤택해진다.
넓고 아름다운 진입로를 연출한다면 집 안뿐만 아니라 집 밖 거리의 풍경도 근사해진다. 만일 건물만으로도 꽉 차는 협소지라면 과감하게 진입로를 생략하는 방법도 좋다. 도로에서 현관까지 이어지는 진입로가 없어도 나지막한 녹지를 형성해 외부 대지와 부드러운 연결감을 부여하면 집도 넓어지고 미관상 답답해 보이지도 않는다. 가뜩이나 비좁은 대지를 담으로 둘러싸 버리면 불필요한 모서리가 늘어나 오히려 방범상 바람직하지 않다. 그럼에도 벽을 만들어야겠다면 펀칭 메탈(얇은 철판에 각종 모양의 구멍을 낸 것—역주) 등 시야가 확보되는 소재를 사용하기를 권한다.
정원 및 데크는 거실이 확장되는 공간으로 생각해보자. 외부를 집 안에 들이면 집의 중심이 되는 거실이 더욱 넓어지고 신록을 만끽하는 여유로운 장소로 재탄생한다.
옥상정원을 도로에 면한 쪽에 배치하면 집주인이 즐기는 만큼, 그 길을 지나가는 사람들도 즐길 수 있으니 일석이조다.
나무를 심는 비용은 전체 공사비의 5%. 옥상에 설치하는 경우 7% 정도가 바람직하다. 물푸레나무, 노각나무, 단풍나무 등은 무게감이 적고 가볍고 풍성한 잎사귀 사이로 햇빛과 바람을 잘 통과시켜 아담한 정원에서도 아름답고 풍부한 녹음을 만끽할 수 있다.
이처럼 외부 구조는 더 이상 집 바깥에 존재하는 공간이 아닌 집 그 자체다.

CHAPTER 3

깊이감을 부여하는 반 옥외 테라스

차양에 의해 내부화된 테라스

ARCHITECT'S EYE
주택에서는 안과 밖의 매끄러운 연결이 중요한데, 반 외부적인 공간을 마련하면 한층 다양하고 풍성한 연결감을 맛볼 수 있다.
(무라타)

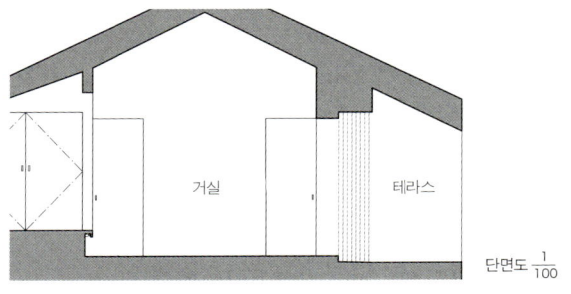

단면도 $\frac{1}{100}$

깊숙한 차양을 설치한 덕분에 테라스가 집 안으로 들어왔다. 섀시를 열어두면 안과 밖의 구분이 모호해지며 거실이 무척 넓어 보인다.
반 외부적인 공간은 아늑함과 개방감을 동시에 충족시켜 가족들이 오래도록 머무르고픈 장소가 된다.

단면도 $\frac{1}{200}$

CHAPTER 3

안과 밖을 일체화시키는 테라스

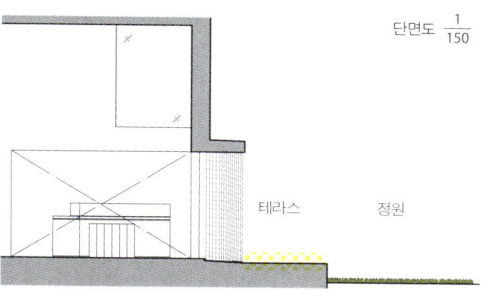

단면도 1/150

테라스　정원

실내와 정원 사이에 널찍한 옥외 데크를 만들었다. 실내에서 정원으로 이어지는 바닥의 단차를 좁혀 내부와 외부의 일체감을 높였다.

양쪽으로 넓게 열리는 섀시를 설치해 실내와 데크의 연결감을 부각시켰다

ARCHITECT'S EYE

넓은 옥외 데크에 면한 개구부를 열어두면 안과 밖이 하나의 공간으로 이어진다. 그 결과 생활 공간이 그만큼 넓어져 삶이 더욱 여유로워졌다. (무라타)

문을 활짝 열면 거실과 데크가 하나의 공간으로 이어진다

3 외관

EXTERIOR | 외부 구조

129

CHAPTER 3

빨래 건조대도 아름답게

세탁기를 많이 돌리는 가정에서는 빨래 건조 공간이 있으면 무척 유용하다. 여기서는 빨래 건조대를 심플한 스타일로 제작해 부착하고, 세면실 바닥과 비슷한 목재를 깔아 공간을 연속적으로 확장시켰다. 흔히 빨래 건조 공간은 생활감이 가득한 다소 산만한 분위기가 되기 쉽지만, 이곳에서는 빨래를 걸지 않을 때는 의자를 놓고 차를 마시며 일광욕을 즐기는 여유로운 휴식 공간이 된다.

밖에서 세탁물이 적나라하게 보이지 않도록 매시 철망을 달았다. 아래에서 올려다보아도 내부가 잘 보이지 않는다

ARCHITECT'S EYE
볕이 잘 드는 장소에 테라스를 배치하고 매시 철망을 달아 외부 시선을 차단했다. 외부재를 깔끔하게 정돈해 빨래를 건조하지 않을 때는 휴식 장소로 활약하는 다용도 공간으로 만들었다. (무라타)

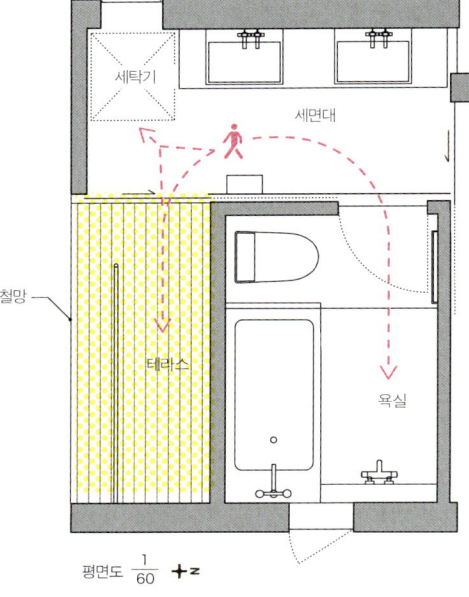

평면도 $\frac{1}{60}$

POINT: 세탁물의 동선을 이용해 탈의-세탁-건조로 이어지는 효율적인 동선을 고려한 공간 배치

빨래 건조용 테라스에서 세면대 쪽으로 풍성한 햇빛이 들어온다

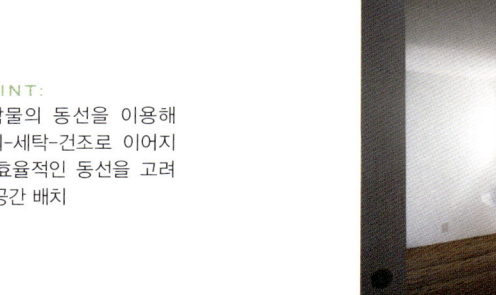

CHAPTER 3

한 단 높이 설치한 테라스

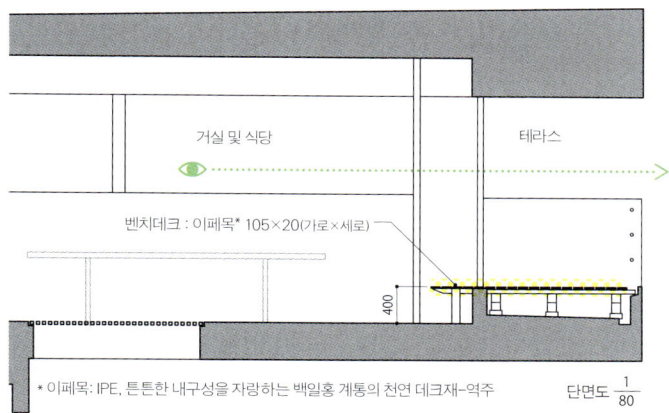

거실 및 식당 / 테라스
벤치데크 : 이페목* 105×20(가로×세로)
400
* 이페목: IPE, 튼튼한 내구성을 자랑하는 백일홍 계통의 천연 데크재-역주
단면도 1/80

테라스는 바닥과 같거나 더 낮아야 한다는 게 정설. 그러나 여기서는 오히려 400mm를 올려서 벤치로도 활용할 수 있도록 했다. 바닥에 쿠션을 놓으면 많은 사람이 등을 대고 앉거나 높은 테라스를 테이블로 사용하는 등 같은 높이에서는 상상하기 어려운 자유로운 발상이 가능해진다.

POINT
테라스가 실내 징두리 벽과 같은 높이로 이어지도록 설계해 시야가 외부로 확장된다

ARCHITECT'S EYE
건축주는 틈날 때마다 데크에 걸터앉아 독서하기를 즐긴다. 높이를 조절하는 것만으로 삶이 더욱 풍요해진 사례. (무라타)

테라스에서는 멀리 바다가 보인다

4,500mm에 달하는 대형 알루미늄 섀시는 욕실 쪽 벽면에 깔끔하게 매입되도록 설계했다

CHAPTER 3

시야가 시원하게 트여 개방감을 부여하다

건물의 3층에 자리한 임대용 주택. 침실과 거실 사이에 테라스를 배치해 채광과 통풍을 해결하고 개방감을 높였다. 테라스에 있는 대들보는 스테인리스로 마감하고 거실의 철골 기둥은 검은색으로 페인트칠해 시크하고 세련된 느낌을 연출했다.

ARCHITECT'S EYE

이 집에 작은 테라스를 만들지 않아도 주택의 기능에는 아무런 문제가 없었을 것이다. 그러나 의도적으로 테라스를 설계하니 집이 실제 면적보다 넓어 보이고 시야가 탁 트여 삶이 더욱 여유로워졌다. 조그만 테라스지만 가족에게는 무척 소중한 공간인 셈이다. (무라타)

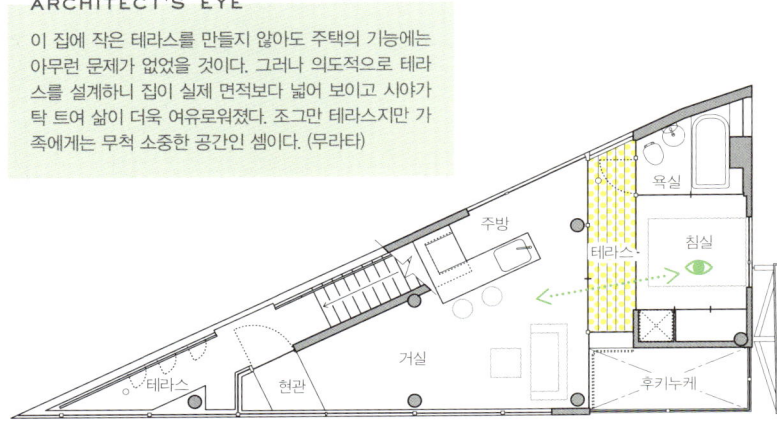

POINT: 빛과 바람을 통과시키고 탁 트인 시야를 통해 공간감을 부여한다

평면도 1/150

거실에서 침실을 바라본 모습

CHAPTER 3

중정을 감싸 안은 개방적인 내부

중정을 향해 모든 방이 열리는 구조

ARCHITECT'S EYE

중정을 설치하면 실내공간은 그만큼 협소해지기 마련이다. 그러나 중정을 중심으로 모든 방이 열리는 구조로 설계하면 시선이 확장되어 공간이 넓어 보이고 개방감이 생긴다. (무라타)

사면이 주택으로 둘러싸인 밀집지에서는 외부를 벽으로 막고 중정을 만들면 채광과 통풍, 개방성을 고루 얻을 수 있다. 모든 방이 중정을 바라보는 구조에서는 톱라이트를 통해 햇빛이 가득 들어오고 집 안에서 풍부한 계절감을 느낄 수 있다.

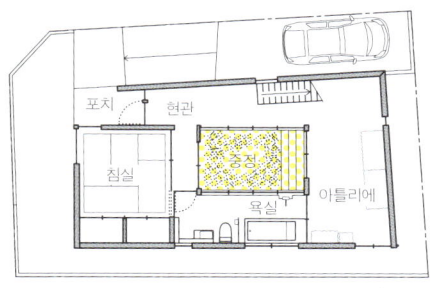

평면도 1/250

POINT 1:
각 방은 중정을 둘러싸듯이 배치해 밝고 개방적인 공간이 되었다

단면도 1/200

POINT 2:
중정은 지붕 높이까지 올려 개방감을 높였다

CHAPTER 3

중정이 거실의 일부로 들어오다

큼지막한 개구부를 외벽에 설치해 중정이 실내에 있는 것 같은 착시효과를 일으킨다

거실과 비슷한 바닥재 느낌을 내어 실내 같은 인상이 더욱 강해진다

POINT:
테라스 바닥에는 방수용 데크를 깔았다

ARCHITECT'S EYE

안과 밖의 연결감을 높이기 위해 마감재를 비슷하게 통일하고 섀시도 가늘고 심플한 것으로 선택했다. 경계선의 디자인도 연결감을 좌우하는 중요한 요소임을 잊지 말자. (무라타)

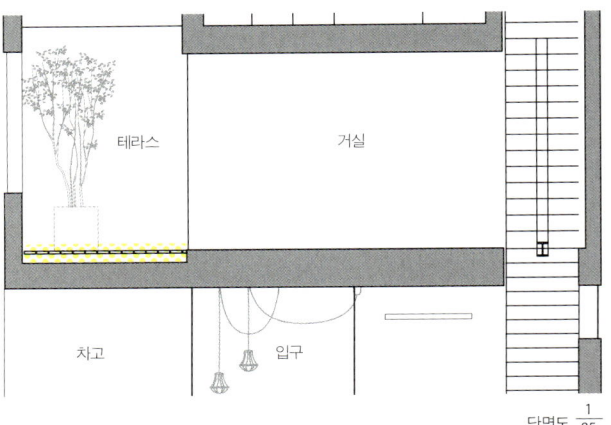

단면도 1/85

사선제한 때문에 3층의 외벽 일부를 비스듬하게 깎아내렸다. 그로 인해 생긴 틈새에 톱라이트를 설치해 햇빛을 끌어들였다. 2층과 3층의 엇갈린 형태는 인상적인 외관을 연출하고 밤이 되면 실내조명이 톱라이트를 통해 외부로 은은한 빛을 품어낸다.

EXTERIOR | 외부 구조

3 외관

CHAPTER 3

공간을 나누고 연결하는 중정

평면도 1/250

사람의 동선과 시선을 세심하게 고려해 중정의 개구부를 조절했다. 이로써 집 안의 공적인 공간과 사적인 공간이 자연스럽게 구분된다.

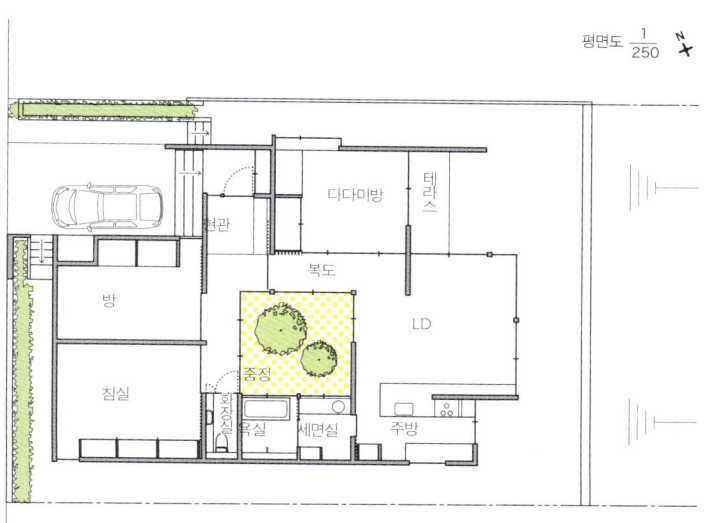

ARCHITECT'S EYE
중정은 이웃한 방에 빛을 전해주는 고마운 존재다. 여기서는 각각의 공간의 특성에 맞추어 주방은 밝게, 침실은 아늑하게 하는 등 중정의 채광을 교묘하게 조절했다. (무라타)

POINT
중정을 중심에 두고 각 방이 둘러싸는 구조

DK를 바라본 모습

CHAPTER 3

진입로와 중정을 겸비한 공간

철망 대문 안쪽으로 진입로 겸 중정을 배치했다. 폭 2m로 절대 넓은 크기는 아니지만, 광택 소재 벽면으로 하늘과 햇빛, 녹음이 신비롭고 은은한 존재감을 선사한다. 덕분에 진입로는 이동하는 공간이면서 오랫동안 머물고 싶어지는 장소가 되었다.

철망 대문을 통해 이웃집 정원이 보인다

ARCHITECT'S EYE

하얗게 칠한 벽에 둘러싸인 중정은 청결하고 정갈한 느낌을 풍긴다. 광택 소재를 바른 내부에 풍경이 반사되어 영롱한 빛을 발한다. (무라타)

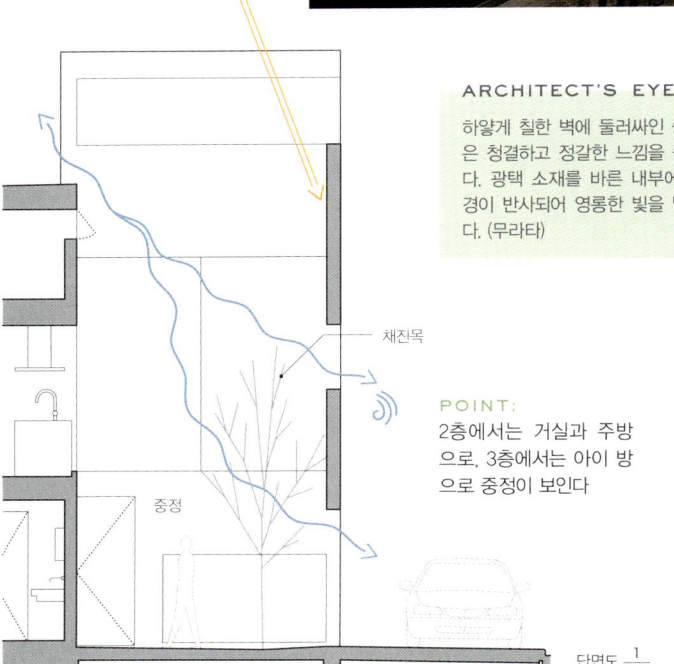

채진목
중정
단면도 1/110

POINT:
2층에서는 거실과 주방으로, 3층에서는 아이 방으로 중정이 보인다

바깥으로 개방된 중정에 면한 개구부는 높이를 1,300mm로 억제해 외부 시선을 차단했다. 내부에서는 채진목 가지의 아랫부분이 보인다

CHAPTER 3

정원과 일체화된 진입로

전면도로에 인접한 가로 5m, 세로 4m 크기의 정원. 진입로를 겸한 공간이지만 돌출된 상층 건물이 1층에 깊은 처마를 만들고 현관 통창으로 공간이 확장되어 자연에 둘러싸인 아늑한 야외 공간으로 완성되었다.

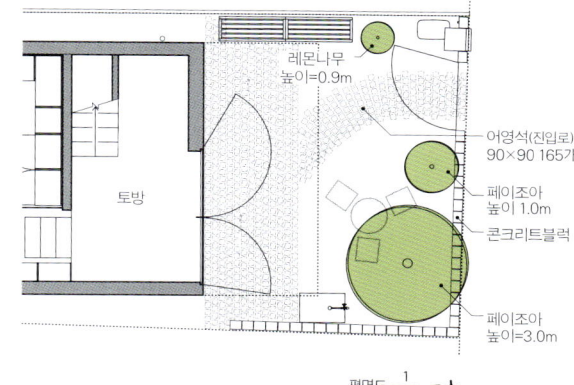

평면도 1/200

POINT:
진입로에 어영석을 깔아서 진입로와 정원의 경계를 지웠다.

ARCHITECT'S EYE
개구부 위치가 한정된 대지에서는 도로에서 현관이 그대로 노출되기 마련이다. 여기서는 볼륨감 넘치는 나무로 외부 시선을 가렸다. 덕분에 삭막해지기 쉬운 진입로에 자연의 생기가 더해졌다. (무라타)

담과 철제 대문의 디자인을 맞추어 깔끔한 이미지를 연출했다.

정원에 면한 통창을 통해 실내 토방에서 야외 정원으로 시선이 확장된다.

CHAPTER 3

기존의 나무를 그대로 남겨두어 집의 기억을 계승하다

기존에 있던 나무는 그대로 두고 다른 나무들을 더 심어서 울창한 숲속 같은 정원으로 꾸몄다. 건물이 정원을 L자형으로 감싸고 있는데, 메인 정원 외에도 크고 작은 정원이 이어져 집 안 곳곳에서 자연의 생명력이 샘솟는다.

건축주는 가족들이 오랫동안 집에 대한 기억을 간직하기를 원했고 기존의 나무들을 그대로 둔 것도 이 때문이었다. 자신들과 함께 나이를 먹어가는 나무들을 바라보며 가족들의 집에 대한 애정도 그만큼 깊어지리라.

3 외관

EXTERIOR | 외부 구조

POINT 1 :
정원의 풍경을 만끽하기 위해 대형 붙박이창을 설계했다

POINT 2 :
1층 정원은 오래된 나무들을 중심으로 정겹고 평화로운 분위기를 풍긴다. 옥상정원에는 화초를 많이 심어서 사시사철 알록달록한 꽃을 피우며 화려한 볼거리를 선사한다

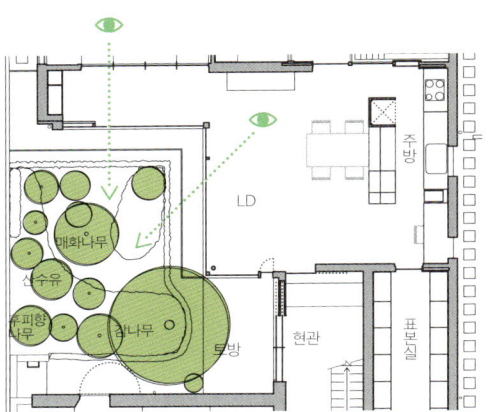

평면도 1/200

거실에서 커다란 유리창 너머로 정원이 보인다. 왼쪽에 우뚝 서 있는 오래된 감나무는 이 집의 역사를 말해준다

CHAPTER 3

사생활을 보호하고 아름다운 전망을 선사하는 정원

정원의 주인공은 중앙에 있는 산딸나무로, 여름에는 순백색 꽃을 피우고 가을에는 새빨간 과실을 틔운다

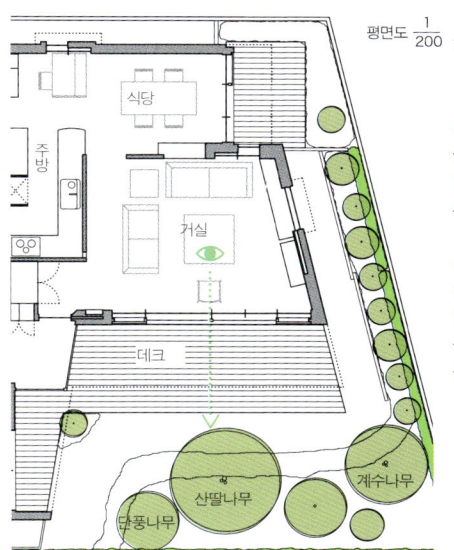

평면도 1/200

POINT 1:
높은 울타리를 쳐서 잡다한 것들을 가리고 외부 시선을 차단한다

POINT 2:
낮은 관목으로 정원 하단을 정리하고 계절감 풍부한 나무를 잘 보이는 곳에 심는다

정원 꾸미기의 원칙은 다음과 같다. 우선 후면에 풍성한 수목으로 울타리를 만들어 외부의 시선을 차단할 것. 그리고 내부에서 잘 보이는 전면에는 계절의 변화에 따라 시각적 즐거움을 선사하는 나무를 심을 것. 발치에는 앞에서 뒤를 향해 식물의 키가 높아지도록 잔디와 같은 지피류(땅을 덮는 식물-역주)나 낮게 자라는 관목류를 심는다. 이처럼 나무의 배치를 세심하게 고려하면 도심 속에서도 숲속 오두막에 있는 듯 풍요롭고 싱그러운 자연을 만끽할 수 있다.

CHAPTER 3

좌식방과 하나가 된 정원

정원의 풍경을 만끽하려면 안과 밖을 얼마나 유기적으로 연결하느냐가 관건이다. 다다미방의 경우, 시선의 중심이 낮고 지면과의 거리감이 짧아 창호를 활용하면 만족스러운 결과를 얻을 수 있다. 이 방에서 창밖의 우거진 신록을 즐기며 한가로운 시간을 보내는 모습은 상상만 해도 행복하다.

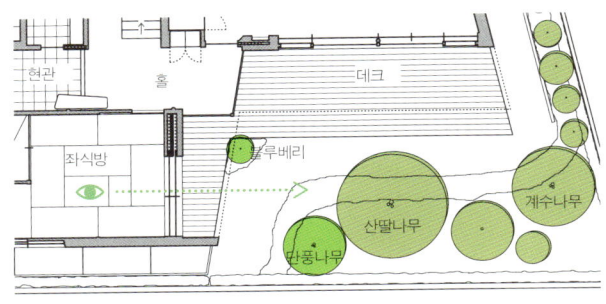

평면도 1/200

POINT 1:
건물이 정원을 L자형으로 감싸는 구조. 덕분에 정원을 바라보는 시야에 깊이감이 생겨 무척 아름답게 보인다

POINT 2:
보기도 좋고 먹기도 좋은 블루베리는 좌식방과 거실 양쪽에서 가까운 중간 지점에 심었다

POINT 3:
단풍나무는 좌식방 근처에 심었다

왼편에 심은 블루베리. 간편하게 과실을 따도록 데크 근처에 심었다

CHAPTER 3

정원을 따라 줄지어 이어지는 데크

POINT 1:
넓은 데크에는 다수의 출입문이 있다

POINT 2:
밖과 안을 순환하는 동선을 가진 데크는 공간에 연결감을 부여한다

POINT 3:
대지는 남쪽 45도가량 꺾어져 있어 하루 종일 햇빛이 풍부하게 들어온다

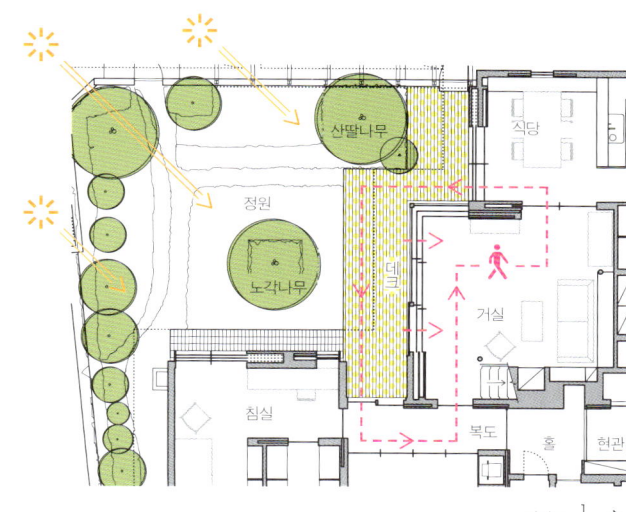

평면도 1/200

정원에서 아이들이 마음껏 뛰어놀 수 있도록 잔디밭을 깔았다. 데크재는 내구성 좋은 셀랑간바투로 선택했다

남쪽으로 비스듬히 꺾어진 대지의 주택. 엇비슷하게 줄지어 이어지는 평면형으로 설계해 공간의 연결감에 리드미컬한 변화를 부여하고 채광을 높였다. 건물의 테두리를 따라 이어지는 널찍한 데크는 안과 밖의 순환적 동선을 형성한다. 덕분에 접근통로가 다양해 생활이 편리해졌고 아이들의 놀이터로도 인기 만점인 공간이 되었다.

CHAPTER 3

거실과 중정을 이어주는 데크

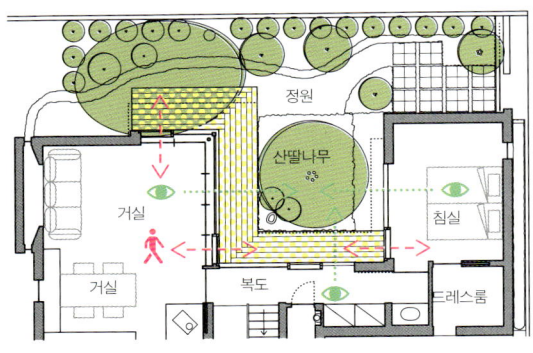

평면도 1/200

POINT 1:
凹모양 코트 하우스의 정원에는 어느 방향에서도 아름다워 보이는 나무를 심는다

POINT 2:
안과 밖의 연결감을 높이도록 창호는 최대한 심플한 디자인으로 골랐다

정원에서 가장 큰 존재감을 발휘하는 산딸나무. 발치에는 진달래와 블루베리를 심고 옛집에서 가져온 석등을 운치 있는 오브제로 활용했다

중정을 凹모양으로 둘러싸는 코트 하우스. 서로 마주 보는 거실과 침실에서 중정으로 편하게 접근할 수 있도록 나무 주변에 데크를 설치했다. 마루의 연장처럼 보이는 데크로 인해 안과 밖이 부드럽게 이어져 공간이 확장되는 느낌이 든다. 또한 푸른 녹지가 시야에 더욱 가까이 들어와 삶이 한층 풍요로 워졌다.

CHAPTER 3

중정 같은 데크

개방감 넘치는 외부공간은 삶에 윤택함을 더하는 요소다.

POINT:
좌우 방과 복도에서 모두 출입할 수 있도록 설계해 실내공간의 연장선상으로 활용된다.

대지 형상에 맞춰 길쭉한 형태로 완성된 주택. 평면에 따라 방을 나열한다면 창문으로 삭막한 도로가 보일 뿐이다. 고심 끝에 방과 방 사이에 톱라이트 지붕을 설치한 데크를 깔고 식물과 벤치를 놓아 아늑한 중정과 같은 분위기를 연출했다.

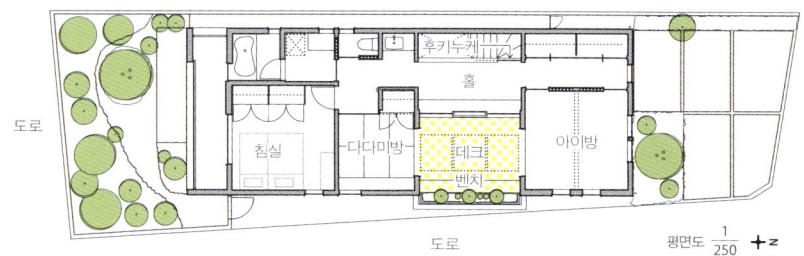

평면도 1/250

3 외관 | EXTERIOR | 외부 구조

CHAPTER 3

단층집 옥상을 정원으로 꾸미다

주변 주택들의 2층 높이에 있는 정원. 통로는 삼화토로 마감했다

철근 콘크리트 구조(RC조)로 만든 단층주택의 옥상을 과감하게 정원으로 꾸몄다. 옥상은 채광과 통풍이 뛰어나고 꽃과 과일이 잘 자라므로 원예를 즐기는 사람들에게는 최고의 취미 공간이다. 하늘에서 내려다보면 지붕으로 둘러싼 주변과 달리 푸르른 녹색 바다가 펼쳐진 듯 아름답다.

POINT 1:
키 큰 나무는 원예가에게 부탁해 최소한도로 심고 그 이외에는 건축주가 직접 심었다

POINT 2:
장미로 뒤덮인 페르골라(담쟁이 덩굴을 올린 지붕을 기둥으로 받치는 정자-역주) 아래서 여유로운 한때를 보낸다

POINT 3:
원예 작업을 위한 뒷마당도 완비했다

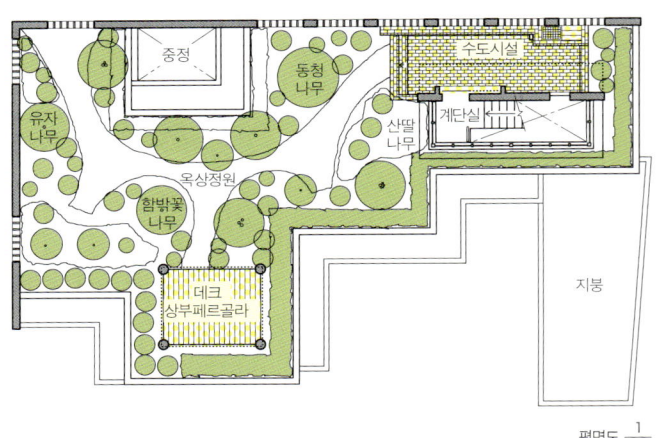

평면도 1/225

CHAPTER 3

실내에서 빗물을 즐기는 설계

빗물이 떨어지는 부분에 흰 자갈을 깔았다.

메인 건물에서 별채 같은 서재를 바라볼 수 있도록 설계했다. 별채 지붕은 빗물받이를 따로 설치하지 않고 한 지점에서 빗물이 모여 아래로 떨어지도록 했다. 비가 오면 처마 끝에서 또르르 떨어지는 물줄기를 LDK에서 바라보며 촉촉한 운치를 만끽한다.

ARCHITECT'S EYE
일반적으로 빗물 처리는 눈에 띄지 않게 설계하지만 이처럼 적극적으로 빗물을 즐기는 요소를 가미한다면, 일상의 재미가 커질 것이다. (무라타)

비스듬한 서재 형태에 맞춰 지붕 좌우 폭을 조정해 라인을 정리했다.

POINT:
지붕 둘레를 살짝 들어 올려 빗물이 모서리 위치에 가도록 유도했다.

평면도 1/250

CHAPTER 3

옹벽의 심미성을 고려하다

계단식으로 된 경사지에 세운 주택. 기존 옹벽이 튼튼하지 못해 건물을 세우면서 다시 만들었다. 수직으로 높게 세우면서도 주변에 위압감을 주지 않도록 감각적인 디자인으로 완성했다.

3 외관

EXTERIOR | 외부 구조

POINT:
철골과 쇄석으로 연출한 옹벽

바닷가 오두막의 돌담 벽을 연상시키는 멋스럽고 세련된 옹벽

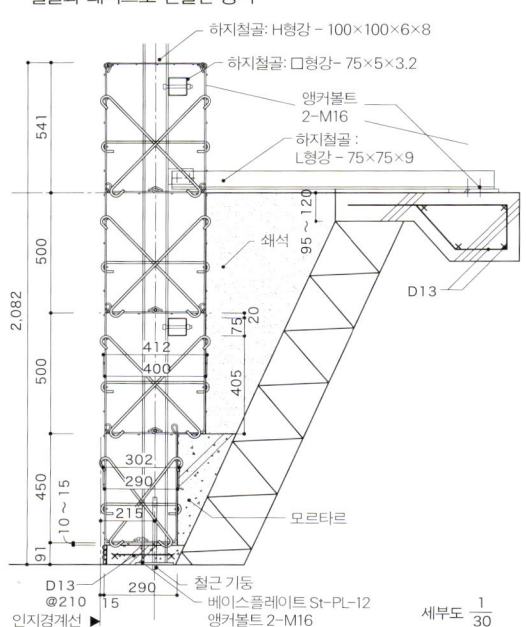

하지철골: H형강 – 100×100×6×8
하지철골: ㅁ형강 – 75×5×3.2
앵커볼트 2-M16
하지철골: L형강 – 75×75×9
쇄석
D13
모르타르
철근 기둥
베이스플레이트 St-PL-12
앵커볼트 2-M16
인지경계선
세부도 1/30

ARCHITECT'S EYE

옹벽은 내구성과 방범성의 기능에만 치우쳐 심미성은 간과되기 십상이다. 그러나 이 옹벽은 기능성은 물론, 심미적으로도 무척 근사한 디자인으로 완성해 외부에서도 멋진 볼거리를 선사한다. (무라타)

건물 디자인과 외벽과의 통일성을 고려한 옹벽

CHAPTER

4

세부 요소

FARNITURE
가구

OPENINGS
형태

OTHER
계단 및 기타

4 세부
요소

FARNITURE
가구

공간에 자연스럽게 녹아들다

모더니즘 건축의 거장 르 코르뷔지에는 가구를 건축 설계의 한 요소로 인식했다. 가구의 개념을 주택 안에 설치하는 실내 장비로 규정한 그는 1925년 '카지에 스탕다르'라는 이름의 수납선반 시스템을 개발했다. 당시 르 코르뷔지에를 비롯한 여러 건축가는 건축 설계뿐만 아니라 가구 디자인도 겸했다. 어떤 가구를 쓰느냐에 따라 건축가가 설계한 실내 공간의 분위기가 완전히 달라진다는 사실을 인식했던 것이다.

이처럼 가구는 실내 건축의 질을 결정하는 중요한 요소이므로, 건축가는 건물을 지을 때 내부를 채울 가구에 대한 고민이 반드시 필요하다. 식당 테이블을 생각해보자. 한스 베그너의 대표작인 Y체어를 놓는다면 높이는 700~720mm가 적당하다. 의자의 팔걸이 부분에 살짝 닿을 수도 있지만, 테이블은 다소 낮은 편이 안락하기 때문이다. 의자에 앉았을 때 시선의 높이를 고려해 천장과 개구부의 높이를 조절하는 것도 필요하다.

주방과 식당 공간의 경계가 애매해지고 가족실의 개념이 늘어나면서 요즘에는 주방 카운터를 길게 연장하는 경우가 많다. 요리를 하고 밥을 먹고 책을 읽고 공부도 할 수 있는 널찍한 테이블을 두면 삶이 더욱 풍요해지고 가족과의 교류도 깊어진다. 단, 주방에 섰을 때 테이블에 앉은 사람과 시선이 맞도록 주방 마루를 한 단계 내리는 등의, 건축 단계에서 미리 세부적인 공사를 결정해두는 게 좋다.

이 장에서는 건축 과정과 맞물려 시공되어 공간에 편리성과 통일성을 부여하는 가구에 대해 소개하겠다. 건축과 일체화되어 탄생한 가구의 눈부신 활약상을 살펴보자.

4 세부 요소

CHAPTER 4

건물과 통일감을 이루는 가구

가구는 공간을 채색하는 중요한 아이템이다. 테이블과 좌식 의자의 재질과 형태가 공간에 자연스럽게 녹아든다.

천장재와 비슷한 자재로 테이블과 좌식 의자를 코디해 공간에 통일감을 부여했다

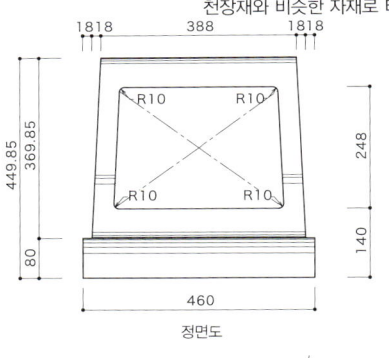

정면도

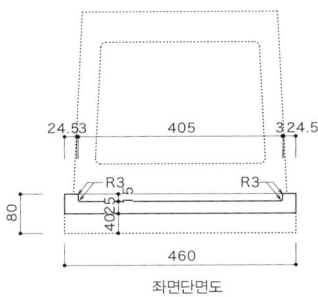

좌면단면도

ARCHITECT'S EYE

무게중심이 낮은 좌식 스타일 공간에 맞추어 창문의 위치와 가구의 모양을 디자인해 편안하고 쾌적한 분위기를 연출했다. (스기우라)

※소재는 전부 느티나무
※접합부는 전부 장부맞춤
※천연 오일 마감

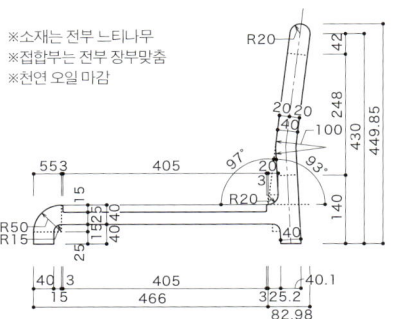

측단면도

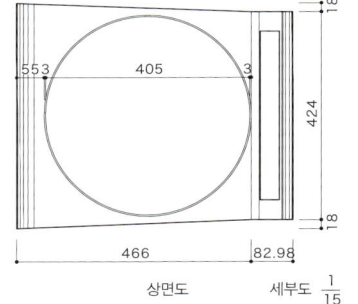

상면도　세부도 $\frac{1}{15}$

CHAPTER 4

기존 가구의 목재를 재사용한 가구

POINT:
침대 밑받침이었던 3장의 판자를 연결해, 길이 2.5m, 폭 90cm의 좌식 테이블로 새롭게 만들었다. 경량화를 위해 일부는 도려냈다

기존의 아이 방에는 폭 30cm가 넘는 마디 없는 소나무로 만든 침대가 있었다. 건축가는 이 방을 손님맞이 좌식방으로 리노베이션하고 소나무는 좌식 테이블로 새롭게 재활용했다. 가족들이 테이블에 모여 대화를 나눌 때마다 아이 방의 따스했던 추억이 새록새록 되살아난다.

소나무로 만든 침대가 있었던 아이 방 모습

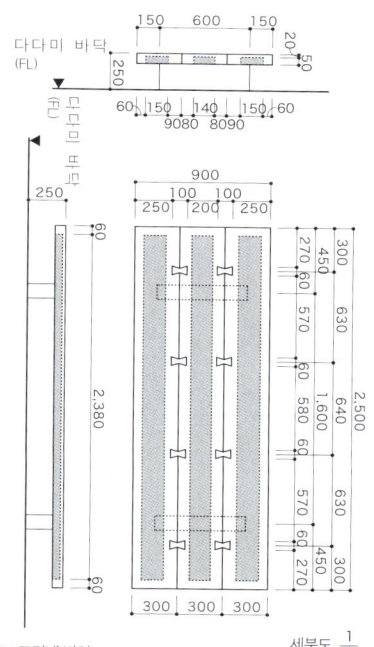

▨ : 도려낸 범위   세부도 1/50

마디 없는 목재를 큼지막한 좌식 테이블로 탈바꿈시켰다

CHAPTER 4

단정하게 공간에 녹아드는 원목 장식장

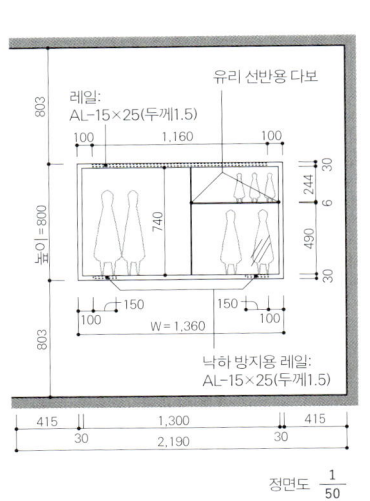

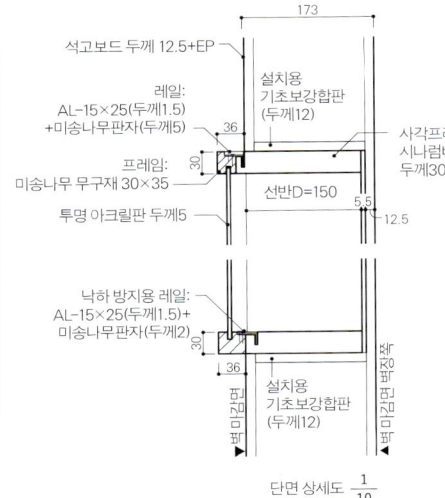

POINT:
날렵한 원목 프레임이 공간에 심플한 악센트를 준다.

ARCHITECT'S EYE
창문 느낌에 따라 외부 경치가 한 폭의 풍경화처럼 느껴지듯이, 아끼는 소품을 아름답게 전시하도록 장식 프레임을 디자인했다. (스기우라)

원목 프레임 자체만으로도 인테리어 아이템이 된다.

건축주가 취미로 만든 소품을 진열하기 위한 장식장 공간. 유리를 끼운 나무 프레임을 앵글에 걸어 깔끔하게 정리했다. 옆으로 보이는 유리문 프레임도 동일한 미송 나무를 사용해 통일감과 리듬감을 부여했다.

날씬하게 깎은 프레임

4 세부 요소

FARNITURE | 가구

CHAPTER 4

치밀하게 설계된 주방 수납실

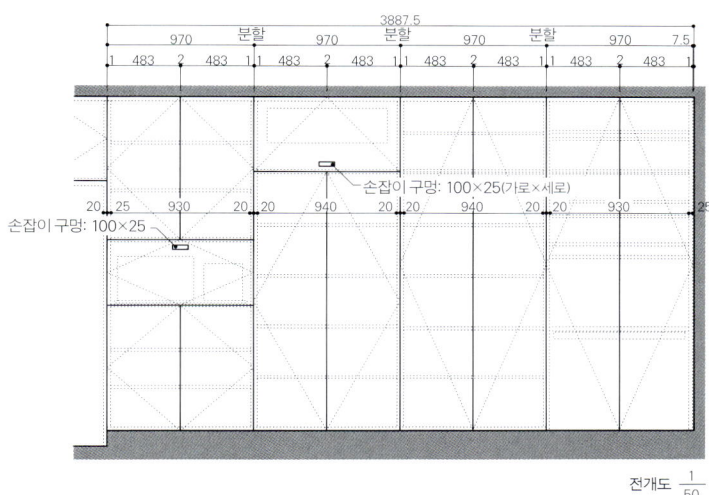

전개도 1/50

자질구레한 물건이 많은 주방에서 수납장은 얼마나 깔끔하게 보이는지가 관건이다.
수납장은 483mm의 동일한 폭으로 설계했다. 다만, 전자레인지나 에어컨이 들어가는 공간은 두 배의 폭으로 맞추고서 손잡이 구멍을 달았다.

POINT:
왼쪽은 주방용품, 중앙 2열은 요리책 등 서적류를 수납했다. 오른쪽 문을 열면 미니 책상이 나온다

ARCHITECT'S EYE
각각의 공간에 들어갈 물건을 사전에 철저하게 구분하고 줄눈의 폭까지 꼼꼼하게 계산해 깔끔한 수납장을 만들었다. (스기우라)

틈새를 2mm로 모두 통일해 깔끔함을 극대화했다

CHAPTER 4

완벽하게 수납되는 불단

상단에는 사진을, 하단에는 불단을 올려놓는 공간. 하단 왼쪽에 콘센트와 스위치를 숨겨두었다. 문을 닫으면 수납문처럼 보인다

ARCHITECT'S EYE
누가 이곳에 불단이 있다고 생각할까?(스기우라)

최근에는 심플한 불단을 판매하는 곳이 생겼지만, 예전까지만 해도 대부분이 큼지막하고 시선을 사로잡는 화려한 스타일이 대부분이었다.

여유 공간에 만든 다다미방은 휴식용이나 손님맞이 등 다양한 기능을 가진 곳이기에 필요에 따라 불단을 안 보이도록 수납 식으로 만들었다. 참고로 심플하게 보여도 내부에는 양초나 향초 대의 수납장, 전원 장치, 영정사진을 위한 조명을 전부 갖춘 상태다.

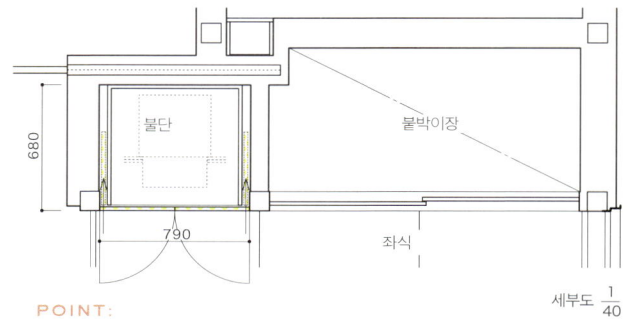

POINT:
불단의 양쪽 문은 열었을 때 안으로 전부 들어가도록 설계했다

CHAPTER 4

난간의 존재감을 감추다

난간의 기능을 겸비한 현관수납장 칸막이

현관에서 신발을 벗고 올라갈 때 무의식적으로 나무 칸막이에 손을 올리면 무게중심이 분산되어 행동이 편해진다. 난간의 기능은 충실하지만, 평소에는 공간 속에 물 흐르듯 녹아들어 존재감을 거의 드러내지 않는다.

미닫이문을 열면 신발장이 나타난다

POINT:
생활하는 사람의 행동방식을 미리 파악해 집 안 곳곳에 소소하지만 유용한 아이디어를 시도했다

CHAPTER 4

서재를 겸한 드레스룸

침실 안에 자리한 서재 겸 드레스룸. 많은 책을 수납할 수 있는 대형 책장과 책상을 설치한 서재는 드레스룸인 동시에 탈의실로도 사용 중이다. 거울이 달린 미닫이 문을 열면 침실로 공간이 확장된다.

다기능 역할을 수행하는 실용만점 공간

POINT:
서재와 침실을 엇갈리게 배치해 독립성과 연속성을 획득했다

평면도 $\frac{1}{100}$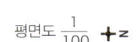

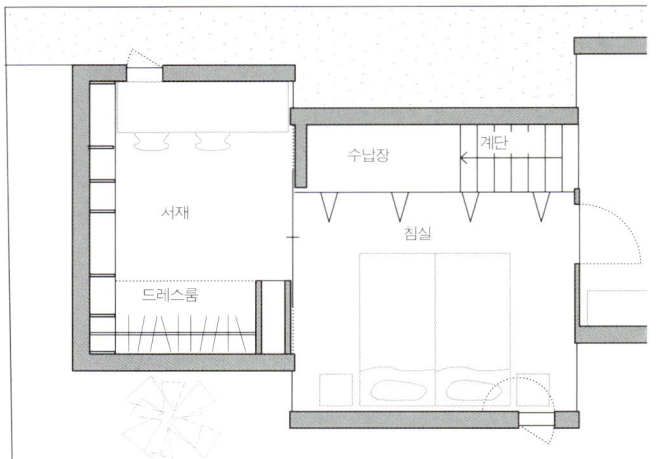

커다란 전면 거울을 부착해 탈의실로도 사용한다

ARCHITECT'S EYE
고정된 용도에 구애받지 않고 사용자의 라이프스타일을 파악해 새로운 다기능 공간을 탄생시킨 예. (스기우라)

COLUMN

건축과 가구는 하나다

20세기까지 사람들은 가구를 인테리어의 한 요소로 인식해 건축과는 뚜렷하게 구분했다. 그러나 21세기에 들어서자, 생활패턴이 다변화되면서 건축과 인테리어의 경계는 점점 허물어지고 건축 자체의 개념도 무한대로 확장되었다.

가구는 건축과 같은 차원에서 인식해야 한다. 이를테면, 계단이나 마루의 높이차가 테이블이나 의자가 되기도 하고 창문턱을 장식 선반대나 벤치, 혹은 텔레비전을 놓는 장소로 사용하는 식이다.

책장을 슬라이딩 도어로 설계하고 내부에 방을 만들면 아늑한 은신처가 탄생한다. 혹은 아래층 채광을 위해 설치한 상층 발코니의 톱라이트를 돌출형으로 만들면 테이블이나 벤치로 활용할 수 있어 발코니가 티타임을 즐기는 여유로운 공간이 된다. 이처럼 건축과 가구를 일체화시켜 삶을 더욱 풍요롭게 하는 아이디어는 실로 무궁무진하다. (스기우라 미쓰루)

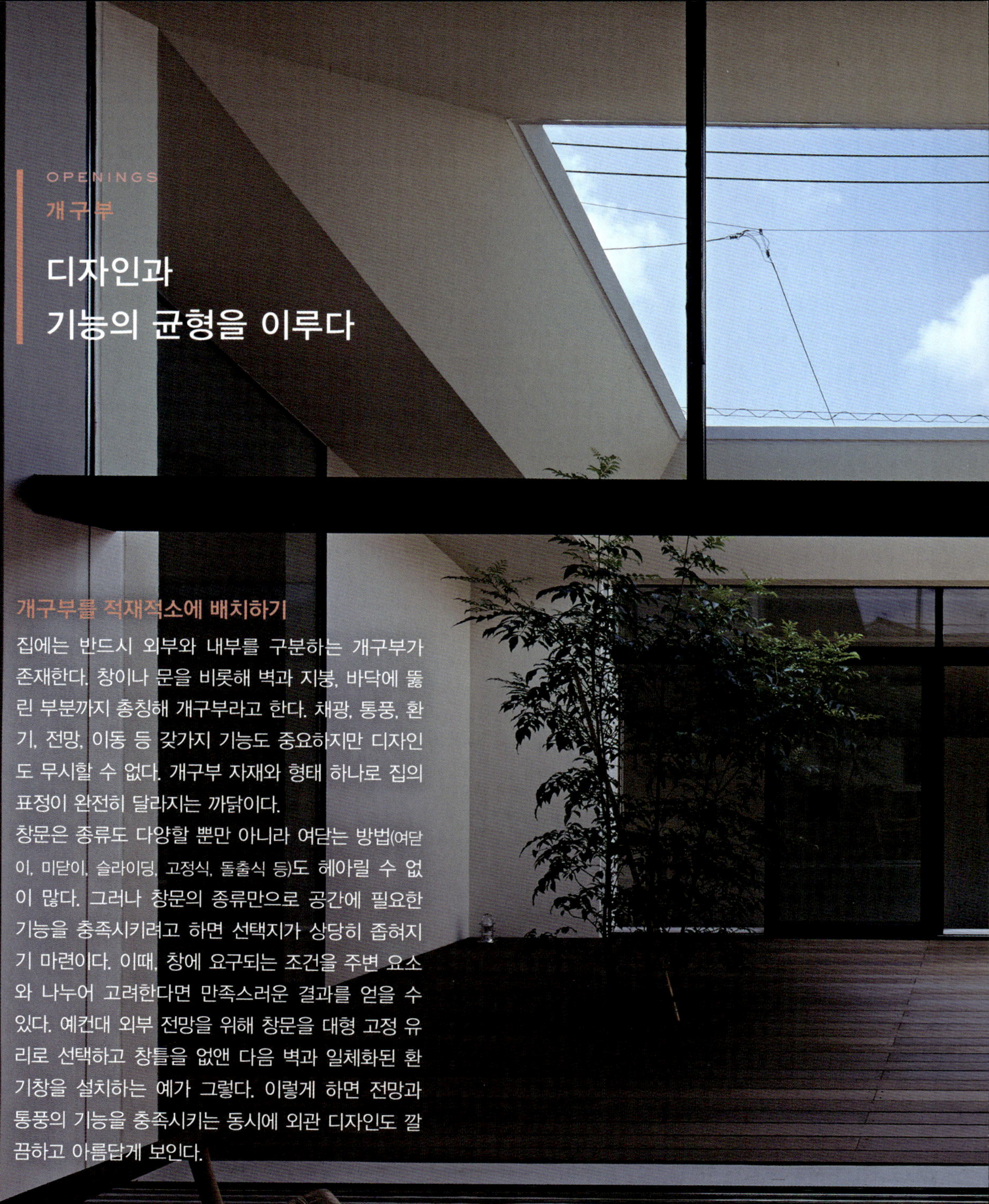

OPENINGS
개구부

디자인과 기능의 균형을 이루다

4 세부요소

개구부를 적재적소에 배치하기

집에는 반드시 외부와 내부를 구분하는 개구부가 존재한다. 창이나 문을 비롯해 벽과 지붕, 바닥에 뚫린 부분까지 총칭해 개구부라고 한다. 채광, 통풍, 환기, 전망, 이동 등 갖가지 기능도 중요하지만 디자인도 무시할 수 없다. 개구부 자재와 형태 하나로 집의 표정이 완전히 달라지는 까닭이다.

창문은 종류도 다양할 뿐만 아니라 여닫는 방법(여닫이, 미닫이, 슬라이딩, 고정식, 돌출식 등)도 헤아릴 수 없이 많다. 그러나 창문의 종류만으로 공간에 필요한 기능을 충족시키려고 하면 선택지가 상당히 좁혀지기 마련이다. 이때, 창에 요구되는 조건을 주변 요소와 나누어 고려한다면 만족스러운 결과를 얻을 수 있다. 예컨대 외부 전망을 위해 창문을 대형 고정 유리로 선택하고 창틀을 없앤 다음 벽과 일체화된 환기창을 설치하는 예가 그렇다. 이렇게 하면 전망과 통풍의 기능을 충족시키는 동시에 외관 디자인도 깔끔하고 아름답게 보인다.

어디에, 어떤 창을 만들 것인가

개구부는 남향에 대형으로 내는 것이 일반적이지만 남향 창은 여름에 무척 덥다. 따라서 여름이 길고 무더운 지역에 남향 창을 낸다면, 되도록 처마를 깊게 내어 직사광선을 피하도록 설계하기를 권하고 싶다. 그러면 여름이 한결 시원해지고 깊은 처마의 음영으로 실내에 그림자가 생겨 밝은 햇살이 아름답게 보인다. 처마를 달기 어려운 상황이라면 창에 한지 발이나 대나무 발을 매다는 방법도 좋다. 참고로 동서 향에 창을 설치하는 경우에는 햇볕이 무척 뜨거우므로 유리 성능에 각별히 신경 써야 한다.

일반적으로 북향 창은 상대적으로 선호도가 떨어지는 편인데, 사실 북향 창의 장점은 무척 많다. 직사광선이 적어 큼지막한 개구부를 설치할 수 있고 부드럽고 아늑한 햇살이 온종일 실내에 들어온다. 순광으로 비추는 외부 녹음이 실내에서 무척 아름답게 보여 전망도 훌륭하다. 작업실이나 서재처럼 차분히 집중을 요하는 공간의 경우, 강한 직사광선을 피해 북향 창을 설치하면 작업 효율도 올라가리라.

그러나 뭐니 뭐니 해도 개구부의 방향에 결정적인 영향을 미치는 요인은 바로 입지 조건이다. 옆집이 바로 맞닿아 있는 방향에 아무리 멋들어진 대형 개구부를 설치한들, 결국 옆집 벽만 바라보게 될 뿐이다. 통행인이 많은 대로변도 마찬가지다. 주위 시선 때문에 온종일 블라인드나 커튼을 쳐야 한다면 창을 설치할 이유가 없다. 이 경우는 창을 설치하는 위치와 크기를 고려해 시선을 조작해야 한다. 외부 시선이 신경 쓰이는 도로변에 있고 옆집으로 창이 나 있다면 바깥을 향한 창은 최대한 억제하고 전면으로 창을 낸 중정을 만드는 방법이 좋은 예다.

내부에 문 만들기

문에도 여러 가지 형태가 있는데 대표적인 것이 미닫이와 여닫이다. 미닫이는 다소 소음 문제가 있지만, 개폐 여부와 상관없이 문이 거치적거리지 않고 공간과 공간 사이가 부드럽게 이어진다는 장점이 있다. 특히 높이를 천장까지 올린 미닫이문은 시선이 트여 공간이 넓게 느껴지고 문을 열어 놓으면 공간과 공간에 연속성이 생긴다. 한편, 미닫이문은 설계상 벽면에 단차가 생기므로 평소에 문을 달아 두는 일이 많을 경우에 적합하며, 돌출된 면 없이 벽과 하나로 보이고 싶다면 여닫이문이 좋다. 이처럼 여닫는 방식이나 형태가 다양한 내부 문은 공간의 특성과 생활자의 생활패턴을 고려해 선택하는 게 바람직하다.

4 세부 요소

CHAPTER 4

내부를 외부처럼 연출한 통창

서재와 각기 다른 공간으로 이어지는 경계 부분에 단 차와 구조벽을 두어 영역을 구분했다.

POINT:
통창 테두리를 서재 내부에서 보이지 않도록 설계해 깔끔한 느낌을 강조했다.

평면도 1/250

서재는 실내에 있으면서도 맞은편 정원까지 공간이 확장된다.

서재는 각기 다른 공간을 이어주는 통로이자 집 안에서 분리된 정원을 이어주는 역할도 한다. 외부와 연속성을 주도록 정원을 향하는 벽을 전면 유리로 설치했다. 또한 서재와 정원의 바닥재와 벽면 소재를 통일해 일체감을 더했다.

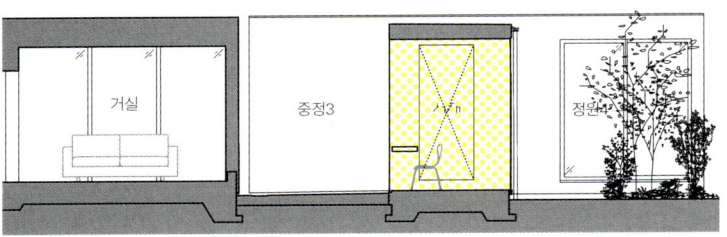

단면도 1/125

CHAPTER 4

부드럽고 차분한 픽처 윈도우

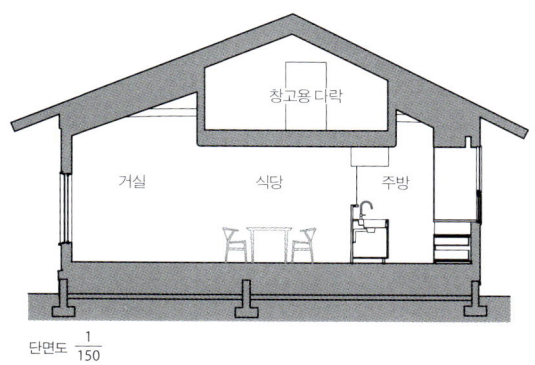

단면도 $\frac{1}{150}$

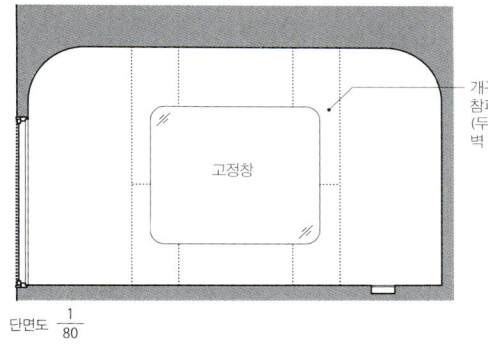

개구부 프레임:
참피나무합판
(두께 12이상)
벽 마감

고정창

단면도 $\frac{1}{80}$

상부에 모이는 어둠과 부드럽게 퍼지는 빛의 음영 대비가 아름답다.

POINT:
고정창을 설치해 안에서도 밖에서도 깔끔해 보인다.

개구부에는 창틀을 없애고 깔끔함을 강조했다.

햇살을 실내에 은은하게 담고자 벽과 창 모두 뾰족한 모서리를 둥글게 처리했다. 덕분에 집 안과 외부 풍경 모두 한층 부드러운 인상을 준다.

4 세부요소

OPENINGS | 개구부

161

CHAPTER 4

기성품 섀시를 활용한 알뜰한 설계

아래쪽 시선을 차단하도록 테라스를 설치하고 마을 전경이 한눈에 내려다보이도록 큼지막한 개구부를 만들었다. 기성품 섀시를 사용해 비용을 절감했다.

POINT:
근경에 있는 시야의 상한선을 고려해, 손님방보다 테라스를 전면부에 배치했다

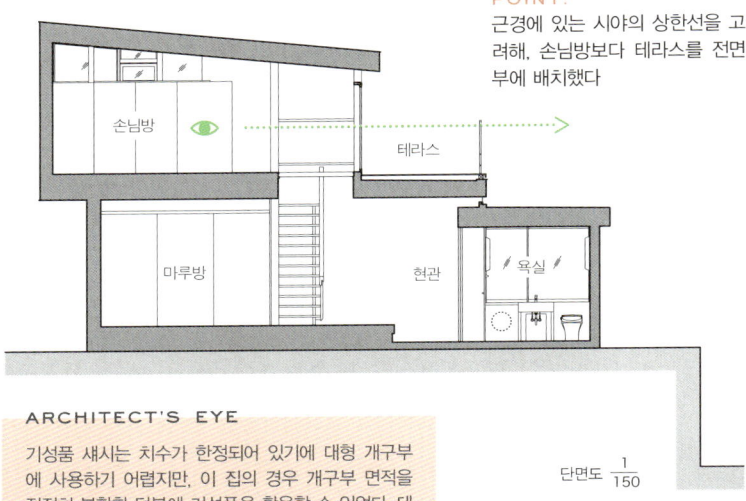

단면도 $\frac{1}{150}$

ARCHITECT'S EYE

기성품 섀시는 치수가 한정되어 있기에 대형 개구부에 사용하기 어렵지만, 이 집의 경우 개구부 면적을 적절히 분할한 덕분에 기성품을 활용할 수 있었다. 테두리 자재를 천장과 바닥재와 비슷한 느낌으로 선택하니 오두막집 같은 정겨운 분위기를 풍긴다. (이시이)

테라스가 아래쪽의 시선을 적절히 차단한다. 1층 천장 일부를 2층까지 뚫어 개방감을 부여했다

기성품 섀시를 활용한 개구부

CHAPTER 4

외부 풍경을 한층 부각시키는 깊은 처마

음영이 강조하는 선명한 풍경

POINT 1 :
깊은 처마가 만들어내는 음영이 풀빛 신록을 한층 선명하게 비춘다

POINT 2 :
시선이 제방 위를 향하도록 마루를 1m 높였다

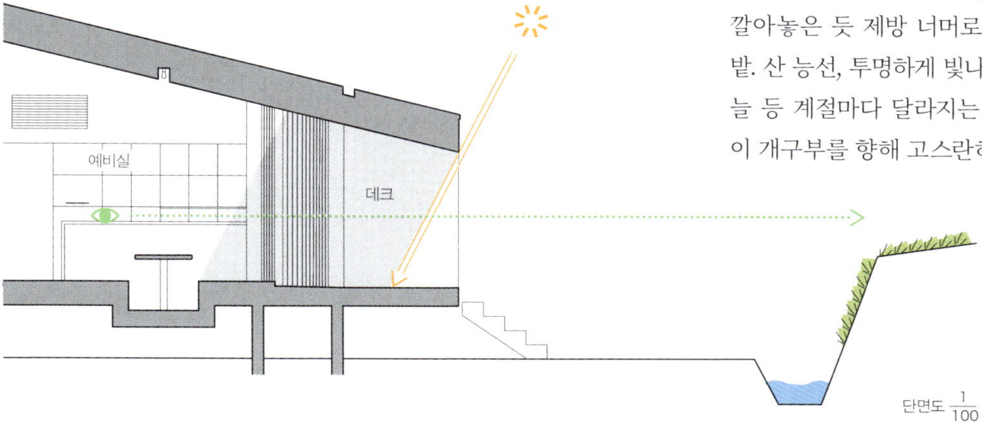

깊은 차양이 만들어내는 깊고 진한 음영과 밝고 선명한 초록빛이 아름다운 대비를 이룬다.
한쪽 면에 핀 화사한 화초, 초록 융단을 깔아놓은 듯 제방 너머로 펼쳐지는 논밭. 산 능선, 투명하게 빛나는 청명한 하늘 등 계절마다 달라지는 풍성한 풍경이 개구부를 향해 고스란히 들어온다.

단면도 $\frac{1}{100}$

CHAPTER 4

실내 개구부

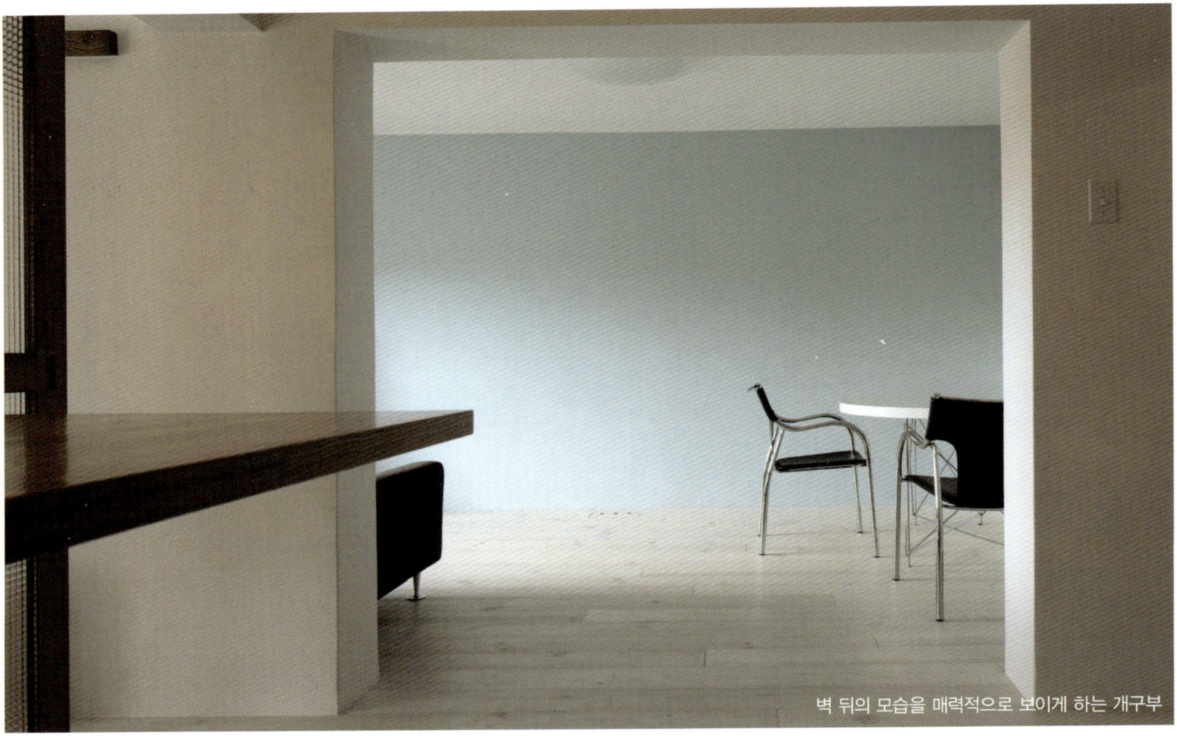

벽 뒤의 모습을 매력적으로 보이게 하는 개구부

ARCHITECT'S EYE
벽면을 의도적으로 남겨두어 마치 벽에 구멍이 뚫린 듯한 인상을 주었다. 높낮이가 다른 천장으로 말미암아 생긴 음영이 공간과 공간 사이에 깊이감을 부여하고 보이지 않는 공간에 대한 기대감을 높인다. (이시이)

POINT: 개구부의 높이를 억제해 벽 뒤편에 나타나는 공간에 대한 기대감을 높였다

실내 개구부의 높이를 1,900mm로 조절했다. 보이는 범위가 한정되면 보이지 않는 부분에 대한 상상력이 커진다.

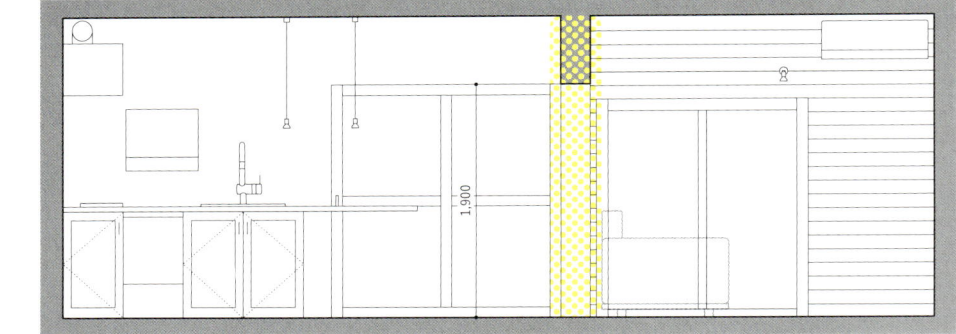

전개도 $\frac{1}{60}$

CHAPTER 4

계절마다 옷을 갈아입는 거실 창

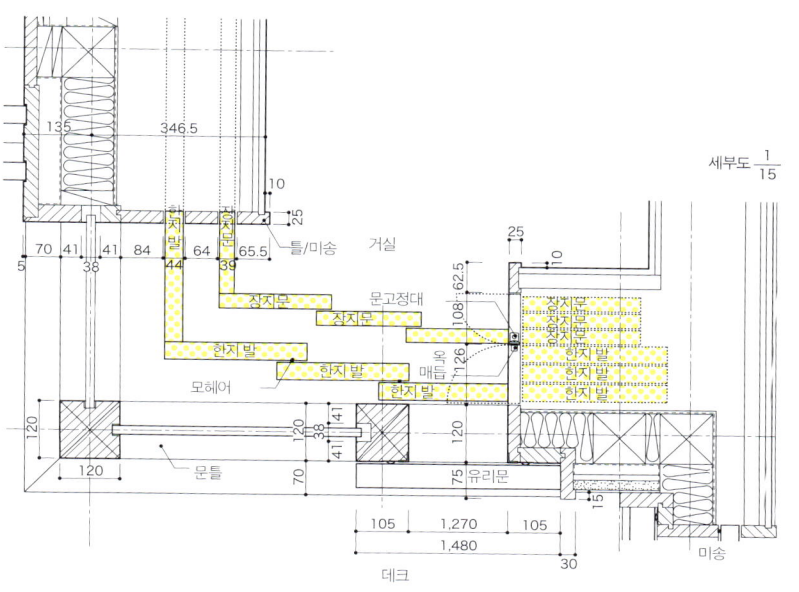

계절마다 창호를 바꾸는 거실. 정원 풍경을 즐기기 위해 거실에 커다란 유리문을 설치했다. 여름에는 한지 발이 뜨거운 햇볕을 차단하고, 겨울에는 장지문이 겨울의 온기를 간직하면서 부드러운 빛으로 실내를 감싼다. 봄과 가을에는 유리문으로 주변 경치를 감상하고 필요에 따라 롤 스크린을 내린다.

겨울에는 장지문, 봄과 가을에는 롤스크린을 사용한다

POINT 1:
계절에 따라 다양한 창호를 활용한다. 한지 발은 방충망으로도 활용할 수 있다

POINT 2:
각각의 창호를 벽면에 매입시켜 사용하지 않는 계절에는 보이지 않도록 했다

여름의 뙤약볕을 막아주는 한지 발

ARCHITECT'S EYE
전통적으로 남향 개구부가 선호도가 높지만, 일사량이 과도한 때는 계절마다 채광을 조절할 필요가 있다. (이시이)

4 세부요소 | OPENINGS | 개구부

CHAPTER 4

장지문 사이로 흘러드는 아늑한 빛

부드러운 햇빛 속에 평화로운 정적이 흐른다

장지문을 투과한 빛이 신비롭게 퍼지면서 고요한 정적을 선사한다.
다양한 높이와 종류의 개구부를 통해 풍부한 빛의 향연이 펼쳐진다.

POINT:
장지문을 열면 눈부신 햇살과 아름다운 녹음이 실내에 들어오고, 닫으면 순식간에 동양적인 느낌이 물씬 풍기는 평온한 공간으로 바뀐다

장지문 너머로 신록이 우거진 정원이 펼쳐진다

CHAPTER 4

창의 역할을 분리해서 생각하다

안쪽은 바람을 통과시키는 대나무 발을, 바깥쪽은 판자 문을 달았다

정원 풍경을 더욱 가까이 느끼려면 창 주변은 심플하게 정돈하는 편이 좋다. 이 집에서는 L자형으로 연속되는 고정 유리 한쪽에 통풍을 위한 대나무 발을 작게 달았다. 채광과 통풍, 전망이라는 창이 가진 역할을 분리함으로써 실용성과 심미성을 모두 충족시켰다.

ARCHITECT'S EYE

큼지막한 고정 유리로 전원의 풍경을 고스란히 집 안에 들이는 동시에 한쪽 면에 대나무 발을 설치해 통풍을 해결했다. 대나무 발 테두리를 나무로 마감하고 세로줄을 고정 유리 높이에 맞추어 통일성을 살렸다. (이시이)

커다란 고정 유리창을 통해 정원과 하나가 된 거실

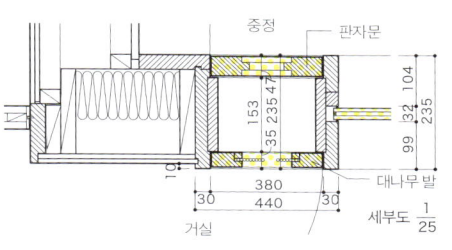

4 세부요소 | OPENINGS | 개구부

CHAPTER 4

둥근 해가 방 안에 들어오다

건축주는 다다미방에 둥근 창호를 설치하고 싶다고 요청했지만, 비용 부담이 너무 컸다. 고심 끝에 창호는 네모로 하되 벽 자체를 둥글게 뚫었다. 장지문 사이로 비추는 동그란 햇살이 동양적이고 온화한 분위기를 풍긴다.

벽을 둥그렇게 뚫고 창호를 달았다

POINT:
벽을 둥글게 도려내고서 밖으로 알루미늄 섀시를 달았다

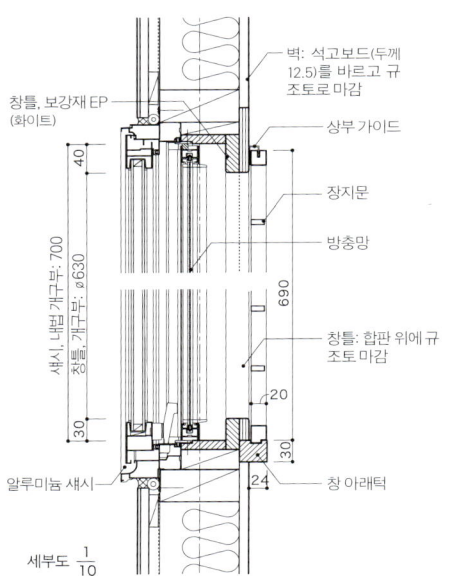

다다미방에 두둥실 떠오른 신비로운 해

ARCHITECT'S EYE

개구부는 공간에 표정을 부여하는 주요한 요소다. 갖가지 방식을 시도할 수 있다는 장점이 있는 반면, 비용이 만만치 않다는 단점도 있다. 그러므로 건축가는 클라이언트가 원하는 디자인과 한정된 예산 속에서 적절한 대안을 찾아야 한다. (이시이)

CHAPTER 4

비밀의 은신처로 안내하는 책장

지하 창고를 개조해 AV룸을 만들었다.
얼핏 고정된 벽으로 보이는 연두색 벽은 책장과 미닫이문을 겸한다. 옆으로 밀면 안쪽으로 비밀의 공간이 나타난다.

ARCHITECT'S EYE
창호는 건축 요소 중에서는 드물게 '움직인다'는 특성이 있다. 이 점을 활용해 재미있는 시도를 해 보았다. (이시이)

문을 닫으면 안에 방이 있다고 상상하기 어렵다

창호의 기능을 부여한 책장이 내부 AV룸을 한층 특별한 공간으로 만든다

4 세부 요소

OPENINGS | 개구부

169

CHAPTER 4

주거 공간을 감각적으로 연결하는 개구부

안쪽 방으로도 싱그러운 계절감이 느껴진다.

2층까지 뻥 뚫린 개방감 가득한 주방 공간을 중심으로 공간들을 배치한 주택. 각 공간은 개구부를 통해 시선이 이어져 어디에 있든 가족의 존재를 느낄 수 있다. 각 개구부가 조금씩 겹치도록 위치와 크기를 조정해 구석진 방에서도 자연을 느끼도록 설계했다.

ARCHITECT'S EYE

테라스도 일부러 벽을 세운 다음 개구부를 뚫었다. 각 개구부 위치를 조금씩 엇갈리게 설계해 벽면의 음영을 연출했다. (이시이)

POINT:
각 개구부를 조금씩 어긋나게 해 공간에 깊이감과 리듬감이 생긴다.

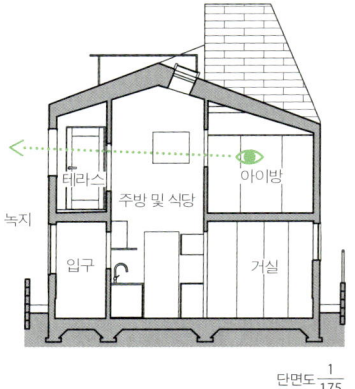

단면도 $\frac{1}{175}$

CHAPTER 4

개구부 면적을 억제해 독립성을 높이다

새시 높이를 억제해 안과 밖의 음영 차를 만들었다

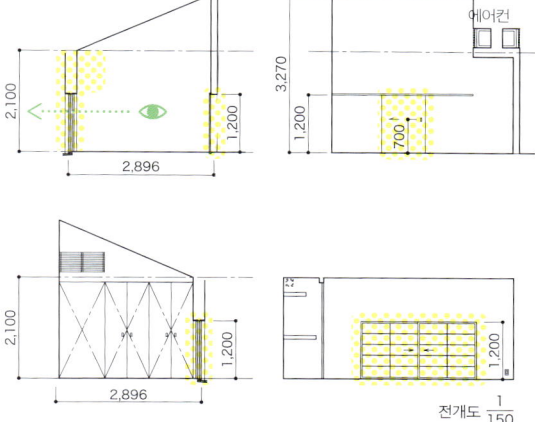

POINT: 천장에서 내려오는 벽면을 통해 음영을 연출했다

높이를 억제해 공간에 깊이감을 부여한 개구부

반 토막짜리 낮은 다실 출입문은 인접한 공간에서 독립된 인상을 준다. 정원 쪽으로 난 장지문의 높이도 함께 낮추어 다실의 아늑함이 한층 부각된다.

4 세부요소

OPENINGS | 개구부

OTHER

계단 및 기타

아름다운 오브제처럼

제2장 '현관·이동 공간'에서도 잠깐 다루었지만, 계단은 이동 공간 중에서 상하층을 이어주는 역할을 담당한다. 또한, 내부 사이, 외부 사이, 내외부 사이, 높이차가 있는 공간 사이를 짧은 거리로 이동할 수 있도록 해준다.

이처럼 이동을 위한 공간인 계단은 복도와 마찬가지로 기능성에 치우쳐 지루하고 단조로운 형태가 되기 일쑤다. 그러나 다른 요소를 결합시킨 아이디어를 통해 계단은 공간에 긴장감과 리듬감을 부여하고 기분전환을 위한 휴식 공간이 되기도 한다. 예를 들어 책장이라는 실용적인 요소를 결부시켜 층계참을 미니 공부방이나 독서 공간으로 꾸며보거나, 넉넉한 면적을 할애해 거실 못지않은 안락한 휴식 장소로 만드는 것이다.

수평 방향이 대부분인 생활 동선 속에서 계단은 유일하게 수직 방향을 가진 장소다. 상하로 뚫린 개방적인 공간을 어떻게 디자인하느냐에 따라서 계단은 미술관의 근사한 오브제처럼 보이기도 한다. 요컨대 계단 자체를 아름답게 만들면 주거자의 삶의 질도 높아진다는 뜻이다.

이번 장에서는 계단이 공간에서 어떤 역할을 하는지를 다루어보고자 한다. 더불어 조명이나 난간 등 천편일률적인 디자인에서 벗어나 삶을 풍요롭게 해주는 요소도 함께 정리했다.

4 세부 요소

4 세부요소

CHAPTER 4

철근 콘크리트 구조의 개방적인 골조 계단

치장 콘크리트(보통의 콘크리트처럼 거푸집을 떼어낸 표면에 마감을 하지 않고, 거푸집을 떼어낸 면을 그대로 드러내는 방법-역주) 벽면 한쪽에 고정된 골조 계단. 마루 디딤판과 철제 난간을 사용해 현관 홀과 일체감을 느끼도록 했다.

POINT:
난간의 차가운 금속성과 디딤판의 따뜻한 나무가 절묘한 균형을 이룬다

홀의 마루와 계단의 디딤판을 같은 소재로 마감해 통일성을 부여했다

차가운 콘크리트와 따뜻한 마루의 세련된 조화

ARCHITECT'S EYE
무기질의 콘크리트 공간에 온화한 나무 소재가 아늑함을 더한다. (스기우라)

CHAPTER 4

콘크리트 벽과 하나가 된 계단

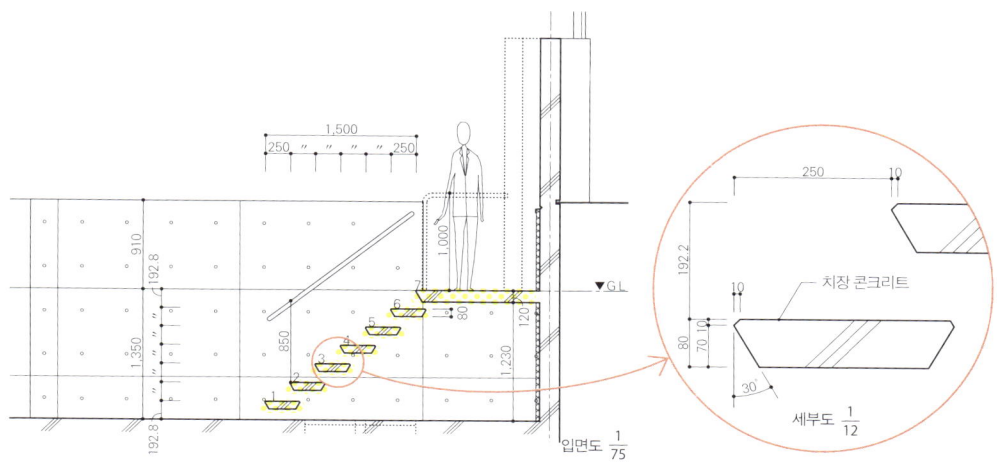

반지하 드라이에어리어 계단

철근에는 콘크리트를 덮을 상당한 두께가 필요한데, 이형철근(철근 콘크리트 건축에 사용하는 것으로 철근의 표면에 돌기를 붙여 콘크리트 부착이 잘 되게 하는 것-역주) 대신 와이어메시(용접용 철망-역주)를 사용함으로써 디딤판의 두께를 8cm까지 최소화했다.

두께를 덜어낸 심플한 골조 계단은 통일감 넘치는 공간에서 부드럽게 녹아들면서도 세련된 오브제처럼 존재감을 발휘한다.

CHAPTER 4

옥상 테라스로 이어지는 계단

메인 계단에서 벗어나 좁은 계단을 올라가면 옥상 테라스가 펼쳐진다.
한 계단씩 올라갈수록 일상을 벗어난 낯선 공간으로 향하는 듯한 기분을 느낄 수 있다.

ARCHITECT'S EYE

계단을 이을 것인가, 자를 것인가. 계단의 물리적인 조작은 시각적인 착시효과뿐만 심리적인 요소에도 영향을 미친다. (스기우라)

POINT:
거실로 이어진 메인 계단의 계단참에서 옥상 테라스로 올라가는 숨겨진 계단이 이어진다. 안쪽 모서리 공간을 데크처럼 보이도록 짙은 색을 칠했다. 덕분에 흰색 계단의 존재감이 강조되면서 '특별한 곳'으로 향하는 기대감이 배가된다

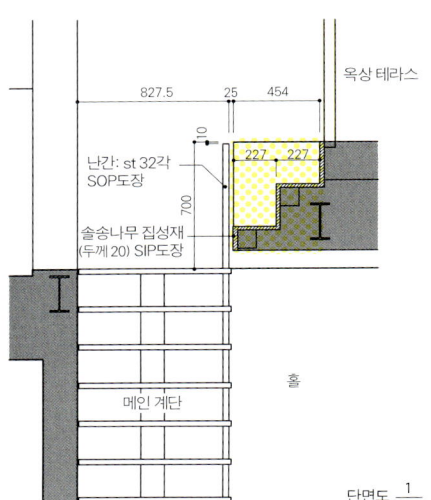

계단 옆 내부 모서리를 데크와 같은 색으로 도장해 시선을 확장시켰다

단면도 1/40

CHAPTER 4

철과 나무의 조합이 돋보이는 골조 계단

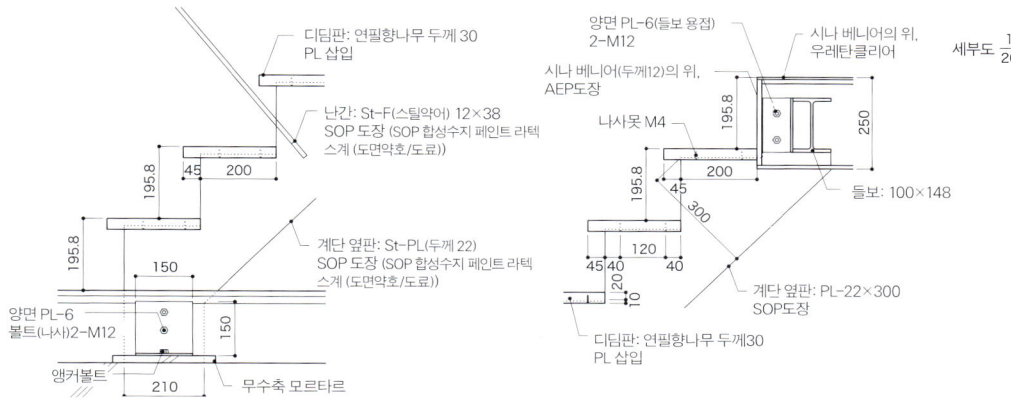

ARCHITECT'S EYE
편안하지만 단조로운 목재 디딤판에 철제를 가미해 세련미를 살렸다. (스기우라)

심플하면서 세련된 디자인이 돋보이는 계단

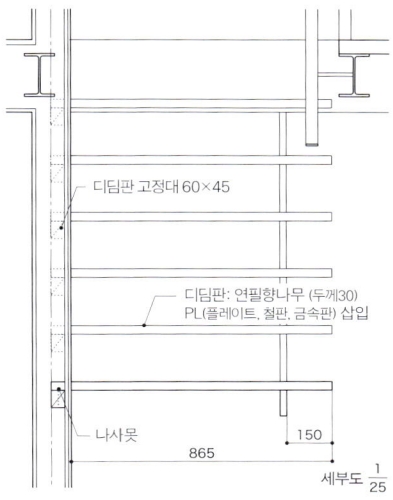

한쪽 벽면에 계단을 부착해 철골의 계단 옆판(계단 너비가 1.2m 이상일 때 디딤판의 처짐이나 보행의 진동 등을 막기 위하여 계단의 중간에 댄 보강재-역주)을 하나로 줄여 깔끔한 인상을 주었다. 디딤판의 목재로 철제를 감싸 차분하고 따뜻한 느낌의 계단을 완성했다.

CHAPTER 4

절묘하게 주변에 녹아드는 수납형 계단

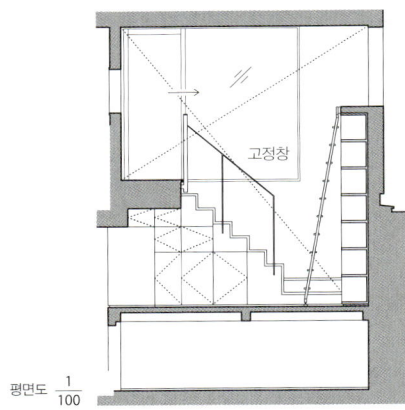

평면도 1/100

반지하 도서실로 이어지는 계단. 개구부를 따라 계단을 두고 얇은 난간을 달아 외부 풍경을 바라보는 데 방해가 되지 않도록 했다. 큼지막한 고정창을 설치한 덕분에 돌출된 상자형 계단의 존재감을 줄이고 반지하 특유의 어둠도 해소했다.

ARCHITECT'S EYE
줄눈을 계단 간격과 맞춰서 수납공간이라는 사실을 최대한 숨겼다. 반지하 공간은 채광이 부족해 창고가 되기 쉽지만, 고정창을 통해 부드러운 햇살과 초록빛 자연을 들여 아늑하고 쾌적한 도서실로 탄생했다. (스기우라)

계단을 올라가면 안뜰로 이어진다.

계단 아래를 수납공간으로 활용했다. 심플한 문짝을 짜서 수납공간이라는 존재감을 지웠다.

POINT:
계단 발판과 수납문 크기를 맞춰 깔끔한 디자인으로 마무리했다.

CHAPTER 4

지하층까지 빛을 끌어들이는 유리 바닥

계단참 바닥에 유리를 깔고 천장은 톱라이트로 설치했다.
어두운 지하 현관까지 충분한 햇빛이 들어온다.

기하학적 형태를 지닌 계단 및 철골 구조물이 눈부신 햇살을 받으면 하얀 벽면에 역동적인 실루엣을 선사한다

ARCHITECT'S EYE
집에 들어오면 머리 위로 햇빛이 한가득 쏟아지고 어두운 지하까지 밝게 비춘다. 한정된 공간에서 야외에 온 듯한 개방감을 만끽할 수 있다. (스기우라)

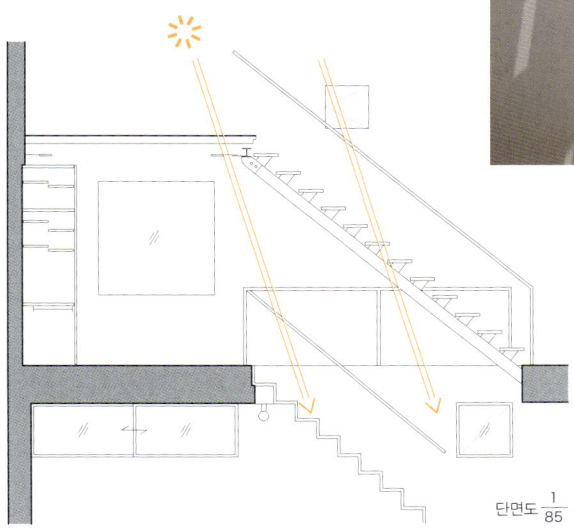

단면도 1/85

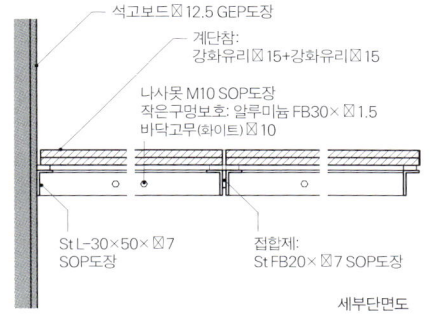

세부단면도

- 석고보드 12.5 GEP도장
- 계단참: 강화유리 15+강화유리 15
- 나사못 M10 SOP도장
- 작은구멍보호: 알루미늄 FB30× 1.5
- 바닥고무(화이트) 10
- St L-30×50× 7 SOP도장
- 접합재: St FB20× 7 SOP도장

POINT1:
계단 옆판과 디딤판만으로 이루어져 심플한 열린 구조의 계단. 틈새 사이로 반대편이 보여 공간이 넓어 보이고 빛과 바람도 잘 통한다

POINT2:
유리를 지탱하는 구조재로 두께 15mm의 강화유리를 사용해 최대한 심플한 느낌이 되도록 했다

CHAPTER 4

의자를 겸한 계단

현관 옆 계단은 의자로도 활용한다. 첫 번째 발판은 현관 토방보다 384mm 높다.

현관에는 수납장, 의자, 장식장 등 여러 세부 요소가 혼재하는 경우가 많다. 현관 가까이에 계단을 두는 경우, 앉을 수 있는 형태로 설계하면 계단과 의자라는 두 가지 기능을 양립시켜 공간도 절약된다.

POINT:
현관에 들어서자마자 시선을 사로잡는 격자 모양은 계단을 시야에서 가려주는 역할을 한다.

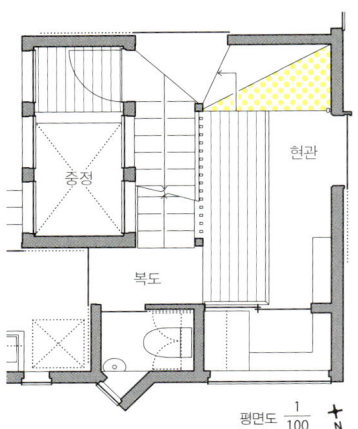

평면도 1/100

CHAPTER 4

구조 변경에 대비한 펜던트 조명

후크를 단 위치에 따라 조명 위치도 바뀐다

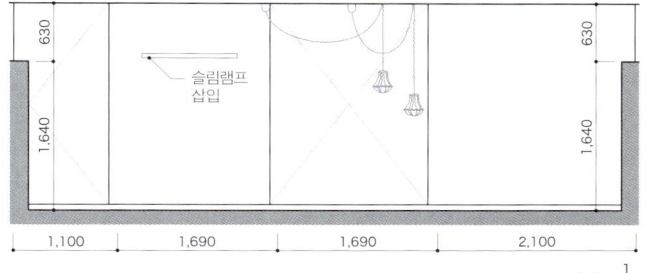

지금은 취미 방으로 사용 중이지만 장래에 아이 방이 될 예정인 지하실.

공간의 용도에 따라 조명의 위치도 바뀐다. 그래서 처음부터 조명 레일을 설치할 필요는 없다고 판단, 차후 자유롭게 조명 위치를 바꿀 수 있도록 코드가 긴 펜던트를 사용했다.

POINT:
장래에 방을 두 개로 나눠 쓸 것을 대비해 두 개의 펜던트 조명을 설치했다

ARCHITECT'S EYE
무심한 듯 자유롭게 늘어뜨린 조명은 마치 하나의 설치 작품을 연상시킨다. (스기우라)

CHAPTER 4

간접 조명의 다양한 효과

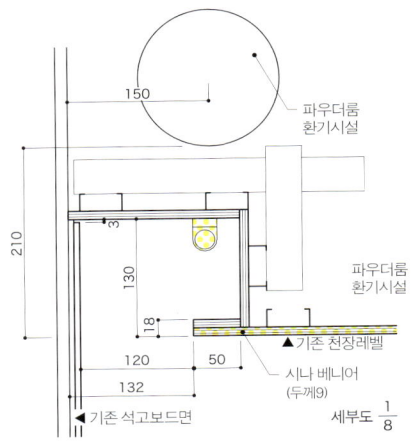

세부도 $\frac{1}{8}$

ARCHITECT'S EYE
아름다운 조명기구가 없어도 괜찮다. 빛의 반사만으로도 다채로운 시각적 즐거움을 느낄 수 있다. (스기우라)

천장을 향해 빛을 뿜어낸다

천장으로 삽입된 조명이 반짝반짝 빛나는 대리석 바닥에 반사되어 기하학적 무늬를 연출한다

기다란 모양으로 간접 조명을 설치해 공간에 통일성과 연속성을 부여한다.
대리석 바닥과 피아노 도장이 칠해진 벽면에 빛이 반사되어 풍부한 표정을 만든다.

CHAPTER 4

큼지막한 곡선 난간이 하늘의 풍경을 담아내다

바닥에서 외부 경계선까지 부드럽게 이어지는 난간

마루와 난간을 곡선으로 연속시켜 시선이 자연스럽게 하늘로 향한다. 연속된 곡면은 외부 시선을 차단하고 실내에 안정감과 개방감을 부여하면서 햇빛까지 끌어들인다. 단순히 외관을 위한 장치처럼 보여도 알고 보면 실용만점 아이디어다.

ARCHITECT'S EYE

마루와 벽의 경계선을 허물고 아름다운 곡선을 그리면서 하늘로 높이 올라가는 모양이 아름답다. 기능적으로는 아래층 처마 높이를 위로 살짝 들어 올려 부족한 채광을 보완해주는 역할도 수행한다. (스기우라)

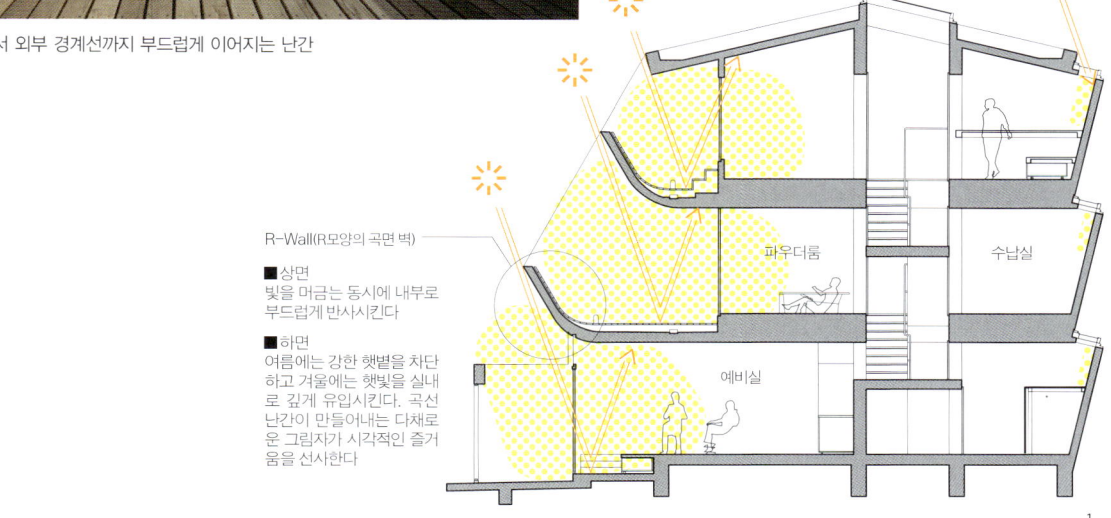

R-Wall(R모양의 곡면 벽)

■ 상면
빛을 머금는 동시에 내부로 부드럽게 반사시킨다

■ 하면
여름에는 강한 햇볕을 차단하고 겨울에는 햇빛을 실내로 깊게 유입시킨다. 곡선 난간이 만들어내는 다채로운 그림자가 시각적인 즐거움을 선사한다

파우더룸
수납실
예비실

단면도 1/150

4 세부요소 | OTHER | 계단 및 기타

CHAPTER 4

기하학적 형태가 인상적인 부채 모양 집

얼핏 복잡해 보이는 건물에 치밀하게 제작된 바닥재가 정돈된 느낌을 부여한다

4 세부 요소

OTHER | 계단 및 기타

천연 목재가 부드럽고 편안한 이미지를 강조한다

부채 모양의 구조를 살려 바닥재를 설치했다. 효율성만 고려한다면 긴 목재를 단일방향으로 붙이는 게 일반적이나, 심미성을 중시하는 건축주의 의도에 따라 건물을 구성하는 기둥이나 들보, 벽면에 맞추어 크기와 방향을 각각 달리했다. 치밀하게 건물 형태에 맞추어 바닥재를 단정하게 정리한 덕분에 역동적인 들보와 기둥, 그리고 집의 부채 모양 형태가 한층 돋보인다.

POINT:
건물의 형상을 부각시키기 위해 부채 모양에 맞추어 꼼꼼하게 바닥재를 계산해 마감했다

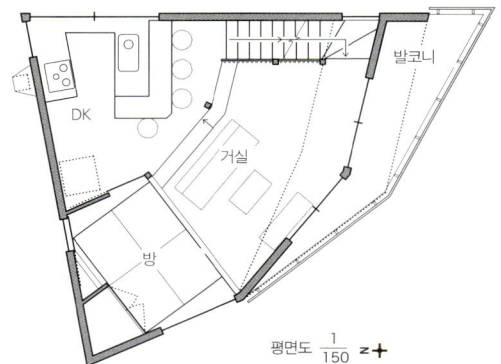

평면도 1/150

CHAPTER 4

치장 콘크리트

치장 콘크리트로 외관의 멋을 살린 주택.
미세한 기복을 지닌 협소지의 특성을 활용해 각 공간에 다양한 변화를 주는 동시에 시각적인 개방감을 부여했다.

ARCHITECT'S EYE

P콘(형틀의 폭을 고정하는 조인트 철물의 백색 플라스틱 캡으로 노출 콘크리트를 완성한 뒤 이것을 떼어내면 둥근 구멍이 된다-역주)을 말끔하게 메운 콘크리트 외관. 심플하고 매끄러운 외벽과 기하학적 개구부가 시크한 멋을 풍긴다. (스기우라)

P콘 자국을 깔끔하게 정돈한 콘크리트 외벽

기다란 직사각형 건물이 거리감을 느끼게 한다

4 세부요소

OTHER | 계단 및 기타

COLUMN

자연스럽고 자유로운
'이동 공간만으로 이루어진 집'

집은 다양한 행동에 부응하기 위한 공간이다. 잠을 자기 위한 침실, 밥을 먹기 위한 식당, 요리를 하기 위한 주방, 목욕을 하기 위한 욕실 등이 그렇다. 그리고 이러한 공간들을 유기적으로 연결해주는 것이 바로 이동 공간이다.

인간의 삶은 하나의 행동들이 개별적으로 독립되지 않고 평화로운 연속선상에서 이루어진다. 그리고 행동들을 물 흐르듯 이어주는 연결지점의 존재야말로 삶을 더욱 풍요롭고 자유롭게 만들어주는 요소다.

그저 한 곳에서 다른 곳으로 몸을 옮기기 위함이 아닌, 다양하고 자유로운 행동을 담아내는 장소로서의 이동 공간. 그곳이야말로 집의 핵심이자 무한한 잠재성을 지닌 공간이다. (이시이 히데키)

CHAPTER

5

삶을 생각하다

CHAPTER 5

후지미가오카의 집
이시이 히데키
HIDEKI ISHII

숲, 빛, 물…
자연과 교감하는 집

5 삶을 생각하다

이 집은 원만하게 경사진 주택단지의 북쪽에 위치한다. 남쪽으로 주택지가 자리하고 북쪽으로 끝없이 울창한 숲이 펼쳐진 위치 덕분에 순광의 햇살을 머금은 눈부신 자연의 모습을 마음껏 전망할 수 있다.

녹음이 우거진 동쪽에서 서쪽으로 경사를 이루는 대지는 마치 숲속에 들어온 분위기를 낸다. 서쪽으로 갈수록 꼭대기에서 내려다보는 듯이 숲과의 시야가 벌어진다. 이처럼 집 안을 돌아다닐 때마다 시야에 들어오는 각기 다른 자연의 풍경이 이 집이 가진 최대의 매력이다. 여기서 건축가는 한걸음 더 나아가 이러한 전망을 하나씩 잘라내어 각각의 공간에 담아보았다. 먼저 중정을 중심으로 한 바퀴 도는 박스형 공간들을 배치하고 방들을 이동하면서 눈앞에 펼쳐지는 각기 다른 녹지의 풍경을 만끽하도록 했다. 한편, 주변에 있는 주택들과의 경계선을 만들고자 남쪽에는 개구부를 최소한으로 줄인 일명 '문지방 공간'이라는 닫힌 구조로 설계했다. 바닥면을 지면보다 낮추어 부드러운 북향이 머무는 안락한 분위기가 풍긴다.

위 닫힌 구조의 외부는 도로와 주택이 위치한 주변의 시선을 차단한다

아래 부드러운 북쪽 햇빛이 머무는 '문지방 공간'

5 삶을 생각하다

현관 토방에 들어가면 좌우로 치솟은 거대한 벽면에 압도당한다. 검은 벽은 앞으로 갈수록 점점 좁혀져 마치 숲속으로 안내받는 느낌마저 든다. 동쪽으로는 거대한 전면 창을 통해 화사한 꽃망울을 틔운 벚나무가 펼쳐지는 '물의 공간'이 있고, 옆으로는 남쪽의 대형 창에서 유입되는 햇빛을 한가득 담아내면서 숲의 조망을 조그만 두 개의 창으로만 제한한 '빛의 공간'이 나온다. 현관 토방에서 자연의 기운을 느끼고 나서 왼편의 '빛의 공간'으로 들어서면 빛과 어둠으로 가득 찬 신세계를 만나게 된다.

위 현관 토방. 검은 벽이 점점 좁아져 숲속으로 뚜벅뚜벅 걸어 들어가는 느낌이 든다

아래 '빛의 공간'. 두 개의 작은 창을 나뭇가지와 잎사귀가 가득 채웠다. 안과 밖을 연속시키는 남쪽 창과 숲을 향한 북쪽 창의 뚜렷한 음영 차가 공간을 더욱 역동적으로 연출한다

CHAPTER 5
후지미가오카의 집
이시이 히데키
HIDEKI ISHII

'물의 공간.' 창밖의 벚나무를 욕실에서 마음껏 감상할 수 있도록 대형 개구부를 냈다

5 삶을 생각하다

서쪽에 자리한 '숲의 공간'으로 발걸음을 옮기면, 돌연 눈 아래 펼쳐지는 웅대한 풍경에 감탄이 절로 나온다. 높은 대지에서 아래를 내려다보는 느낌은 마치 하늘 위에 떠 있는 듯한 특별한 경험을 선사한다.

연속적으로 변하는 숲의 풍경을 쪼개고 이어서 극적인 장면을 연출했다. 건축을 통해 눈앞의 풍경을 잘라내어 숨겨진 가치를 찾아내고 재평가하는 시도였던 셈이다.

왼쪽 북쪽의 '숲의 공간'. 순광을 받아 아름답게 빛나는 녹지를 감상할 수 있다

오른쪽 북쪽으로 울창한 숲이 펼쳐지는 대지. 동서로 경사면이 있어 집 안을 돌아다닐 때마다 다양한 풍경이 시야에 들어온다

전면도로

CHAPTER 5
후지미가오카의 집
이시이 히데키
HIDEKI ISHII

평면도 1/200 N

5 삶을 생각하다

후지미가오카의 집
도치기현 우쓰노미야시
목조단층건물
대지 면적: 197.09㎡(60평)
건축 면적: 92.83㎡(28평)
연상 면적: 92.03㎡(27평)

CHAPTER 5
FOLD
스기우라 미쓰루
MITSURU SUGIURA

주변 환경과 평화로운 조화를 추구하는 구조와 디자인

최신식 건물과 옛 건물이 공존하는 고요한 주택단지. 건축주는 한가로운 주변 환경에 잘 녹아들면서도 개성을 드러내는 주택을 만들어 달라고 요청했다.
마름모꼴 대지와 동쪽으로 도로에 면한 입지 조건. 적당한 볼륨감을 준 독특한 외관은 높이를 억제해 주위에 위압감을 주지 않는다.
건축 당시에는 건물 맞은편이 공터였으나 차후 어떤 건물이 들어설지 불분명했기에 정면으로 보이는 개구

부는 과감히 생략했다. 얼마 후, 맞은편 대지에 분양 주택이 세워졌다. 다수의 창문이 이쪽을 향해 있지만, 개구부를 없앤 덕분에 외부 시선이 자연스럽게 차단되었다.

남쪽으로도 층수가 높은 주택들이 밀집해 남쪽 개구부도 최소한으로 조절했다. 결과적으로 외부에서 채광과 통풍, 조망을 기대하기 어려워졌으므로 집 안에 중정을 설치했다.

위 옆집 시선의 영향을 받지 않는 곳에 중정을 설치해 채광을 확보한 1층. 중정에서 제법 떨어진 식당의 경우, 2층의 중심에 설치한 톱라이트로 채광을 보충했다.

가운데 주변 환경과의 조화를 배려해 심플하고 부드러운 무채색으로 마감한 외관. 지나치게 튀지 않으면서도 눈길을 잡아끈다.

아래 침실에 딸린 수납실. 유독 모자를 좋아하는 건축주의 취향이 엿보인다.

5 삶을 생각하다

위 중정을 감싼 남쪽에 자리한 2층 아이 방. 차후에 방을 나눌 수 있도록 의도적으로 중앙에 들보를 세웠다

아래 고창과 바닥 창이 깊고 차분한 음영을 연출하는 1.5층의 방

5 삶을 생각하다

이곳의 중정은 외부 시선을 차단하면서 남쪽 건물의 높이를 억제해 겨울의 채광과 여름의 통풍을 해결해준다.

실내는 천연 목재를 풍부히 사용해 따뜻하고 편안한 느낌을 강조했다. 여기에 사선으로 내려오는 천장과 서까래, 중정을 품은 역동적인 동선, 다양한 마루 단차가 공간에 입체감을 부여한다. 비스듬하게 경사진 외관은 조용한 풍경 속에서 위화감 없이 녹아들면서도 차분하고 묵직한 존재감을 발한다.

아름다움이란 건물의 조형성과 주위 환경의 하모니를 통해 비로소 탄생한다. 이를 위해서는 지나치게 존재감을 과시하지도, 초라하게 풍경에 묻혀버리지도 않는 절묘한 균형감각이 필요하다.

2층 거실. 중정 안쪽으로 1층에 빛을 비춰주는 톱 라이트가 보인다. 채광 역할에 더해 벤치나 테이블로도 활용 중.

CHAPTER 5
FOLD
스기우라 미쓰루
Mitsuru Sugiura

5 삶을 생각하다

CHAPTER 5
FOLD
스기우라 미쓰루
MITSURU SUGIURA

5 삶을 생각하다

기둥, 들보, 서까래 등 구조재를 역동적으로 연출한 건물 내부. '중력'이라는 엄중한 현실을 마주하며 각각의 요소가 서로를 굳건히 의지하고 지탱하는 모습은 인간사와 조금도 다를 바가 없다.

음영과 단차, 굴절을 통해 공간에 깊이감을 연출하다

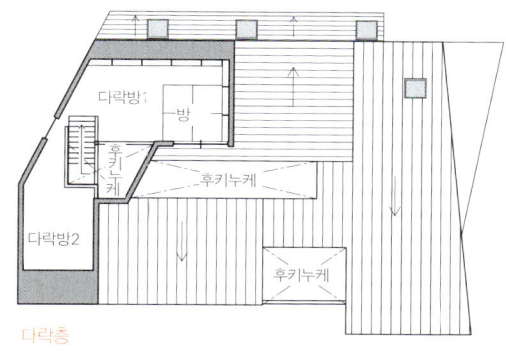

다락층

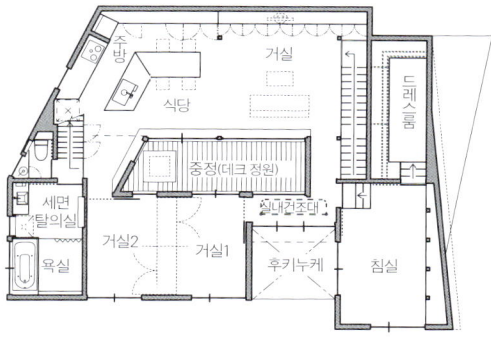

1.5층　　2층

위 다른 방보다 57cm 천장을 낮추어 아늑한 느낌을 풍기는 침실. 도로 측 경사 부분에 있는 탓에 침대의 헤드보드 부분을 사선으로 처리했다. 반듯한 직선에 비해 적절한 곡선이나 사선은 시각적으로 넓어 보이고 공간에 깊이감을 부여한다

아래 현관에서부터 동선이 분리되는 2세대 주택

FOLD
도쿄도 다치가와시
목조축조공법 2층 건물
대지 면적: 191.23㎡(57평)
건축 면적: 113.22㎡(34평)
연상 면적: 187.19㎡(56평)
+다락방: 22.51㎡(7평)

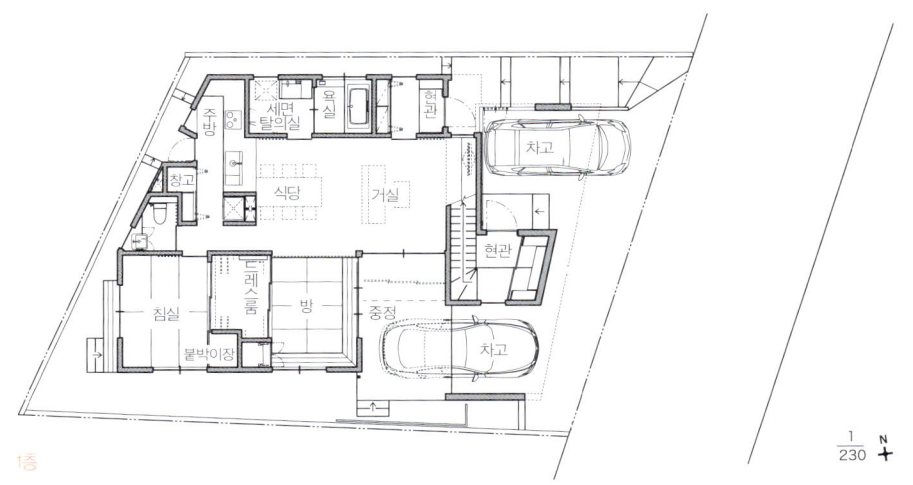

1층

5 삶을 생각하다

199

자연 풍경이 주인공이 되는 미니멀한 공간

CHAPTER 5
시모사쿠노베 K
쓰루 리코
RICO TURU

5 삶을 생각하다

강가를 따라 이어지는 고지대 끝머리에 있는 사무실 겸 주택지. 주위로 웅장한 나무들이 호기롭게 가지를 내밀고 북서 방향으로 탁 트인 전망이 펼쳐진다. 대지는 부정형 사각형으로 북동쪽에는 높이 10m가 훌쩍 넘는 큼지막한 떡갈나무가 서 있다.

이 건물 설계의 출발점은 눈앞에 펼쳐지는 녹음과 존재감 넘치는 떡갈나무를 집 안에 들이는 것이었다. 건축가는 좌우로 길고 거대한 창을 설치해 끝없이 펼쳐지는 자연의 푸름이 마치 거대한 풍경화처럼 집 안에 걸린 느낌을 연출했다.

여기에 창 테두리에 턱을 덧대고 윤기나는 도료를 발랐더니 눈부신 햇살과 싱그러운 초목이 은은하게 실내로 반사되어 몽환적인 세계에 온 듯한 착각마저 든다.

위 외벽은 전부 갈바륨 강판으로 마감해 얼핏 보면 모던한 사무용 건물로 보인다

아래 3층 바닥은 모르타르클리어로 도장하고 2층 바닥은 파인재에 흰색 컬러왁스를 발랐다. 천장과 벽은 빛의 반사도가 다른 두 가지 종류로 도장했다. 철저하게 채도를 억제한 미감으로 주변 자연 풍경이 한층 돋보인다

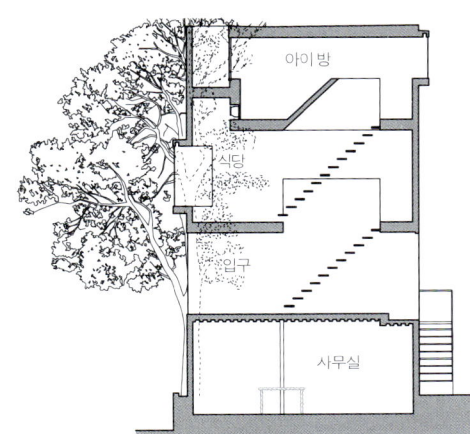

숲속에 들어와 있는 듯 초록 일색의 풍경을 고스란히 담아낸 현관. 벽과 천장을 광택 소재로 도장해 반짝반짝 빛나는 신록을 최대치로 만끽하도록 했다

5 삶을 생각하다

CHAPTER 5
시모사쿠노베 K

쓰루 리코
Rico Turu

개구부 형태는 떡갈나무가 가지를 뻗는 모습에 가까이 다가가는 인상을 주도록 설계했다.

2층 입구 부분의 천장은 떡갈나무 가지가 펼쳐지는 높이보다 살짝 낮게 조절하고 바닥에서 천장까지 전면 창을 설치했다. 이는 나무가 쭉쭉 뻗어나가는 모습을 집 안에서 한층 생생하게 실감하기 위함이었다.

3층 거실은 수평으로 기세 좋게 뻗어나가는 가지 모양에 맞추어 폭 10m에 이르는 웅장한 돌출 창(벽면 밖으로 튀어나온 창-역주)을 설치했다. 창턱은 높이 430mm, 폭 480mm로 넉넉하게 공간을 할애해 편안하게 걸터앉을 수 있다.

4층은 남쪽 도로를 끼고 세워진 옆집의 지붕 위부터 보이도록 하부를 벽면으로 감추고 가로로 기다란 창을 내었다. 아래로 향하는 계단 주위를 광택 소재로 도장해 3층까지 태양광이 충분히 유입된다.

5 삶을 생각하다

위 남쪽의 햇빛이 풍부하게 들어오는 4층. 마루에 깐 카펫을 층계 난간까지 부착해 촉감적인 연속성을 느끼도록 했다

아래 3층은 구조상 남향 창을 만들 수 없었다. 그러나 계단 통로를 통해 4층에 있는 남향 창의 햇빛이 들어오도록 하여 부족한 채광을 보완했다

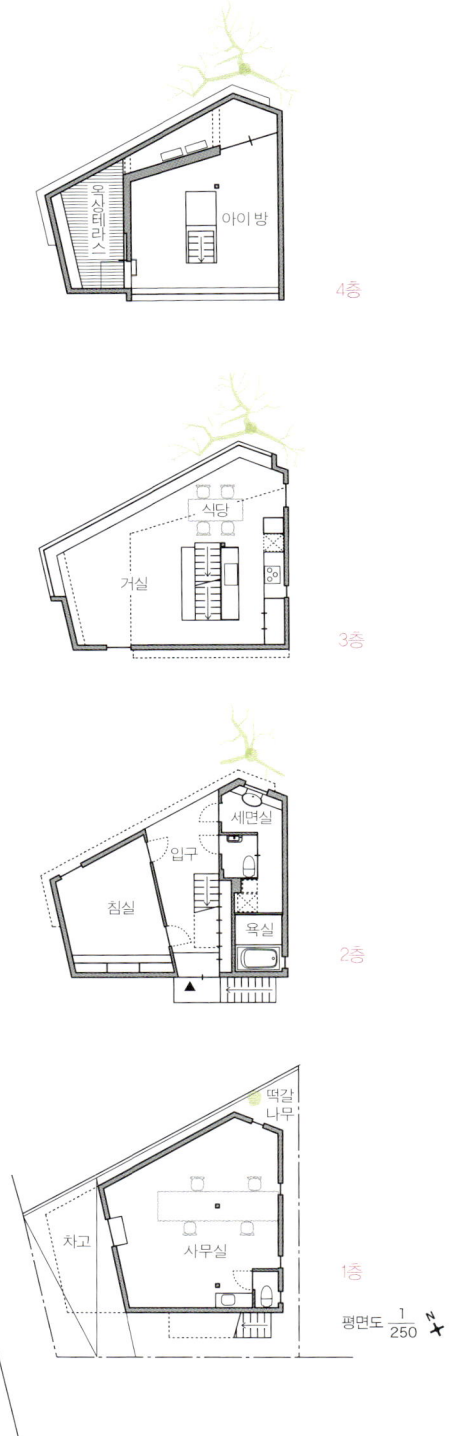

왼쪽 층마다 각기 다른 높이에서 보이는 다양한 자연 풍경이 눈을 즐겁게 한다

오른쪽 소파에 앉았을 때 눈높이가 돌출창의 중심부에 맞춰져서 바깥 경치가 그만큼 안정적으로 보인다

화이트 컬러가 주를 이루는 정갈한 공간 속에서 자연과의 교감을 즐기는 이 집은 침실과 배수시설을 제외한 모든 층의 공간이 하나의 원룸처럼 유기적으로 연결된다. 층마다 큼지막한 창을 통해 눈앞에 펼쳐지는 아름다운 풍경은 그야말로 자연과 하나되는 삶을 실현하는 주역이다.

시모사쿠노베 K
가나가와현 가와사키시
철골조 4층 건물
대지 면적: 65.10㎡(20평)
건축 면적: 39.03㎡(12평)
연상 면적: 129.12㎡(39평)

CHAPTER 5
시모사쿠노베 K
쓰루 리코
Rico Turu

5 삶을 생각하다

CHAPTER 5
NWH
하세베 쓰토무
TSUTOMU HASEBE

5 삶을 생각하다

다양한 개방성을 마음껏 실현하다

위 거실에서 중정을 바라본 모습. 아래층에도 채광과 통풍을 확보하기 위해 발코니 바닥재는 투과성 높은 가설용 건축자재(파인플로어)를 사용했다.

아래 남동쪽 외관. 사선제한으로 비스듬히 잘린 공간 안에 최대치의 면적을 확보했다

일본의 오래된 주택지인 군마구 사쿠라다이는 남녀노소 이웃들이 허물없이 어울리는 인정 많은 동네다.

어릴 적부터 이곳에 살았던 건축주는 신흥 주택가에서는 느끼기 어려운 정겨움이 마음에 들어 자택도 이곳에 짓기로 결심했다. 그의 좌우명은 바로 이것이다. '적극적이고 과감하게 삶을 즐기자!'

폭 4.5m, 길이 16.5m에 해당하는 가늘고 긴 대지에 4m 이하의 전면도로가 자리한 전형적인 협소지였으나 건축주는 주변이 비교적 여유롭고 근처에 풍요로운 녹지가 있다는 점이 마음에 들었다.

건축가는 이곳에 천공율(하늘이 보이는 비율-역주) 완화를 활용해 대지를 꽉 채우는 건물을 세웠다. 여기에 건폐율에 포함되지 않는 부분을 중정으로 끌어들이고 주변에 계단과 복도를 배치했다.

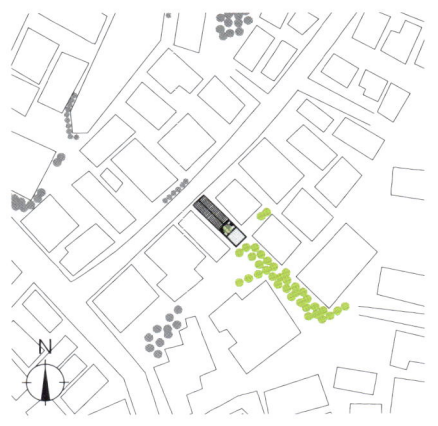

5 삶을 생각하다

테라스에서 중정과 바깥 계단을 바라본 모습. 좁고 긴 대지 안쪽에 중정을 설치해 채광과 통풍을 해결했다

5 삶을 생각하다

비가 오는 날, 비를 맞지 않으면 다른 공간으로 이동할 수 없는 주택. 엄격한 건폐율과 각 공간의 독립성을 세밀하게 조율한 끝에 이동 공간을 외부에 배치하게 되었다.

중정을 사이에 낀 각각의 방들을 최소한의 거리로 연결하려면 스킵플로어가 효과적이다. 반지하 침실, 1.5층 아이 방, 옥상테라스는 중정을 통해 거실, 현관, 욕실로 반 층씩 엇갈리면서 연결된다.

건축주는 가족들이 늘 함께하고 모든 것을 공유하기보다는, 하나의 건물 안에서 각자의 삶을 즐기다가 원할 때는 언제든지 시간을 함께 보내는 생활을 바랐다. 그리고 이 집을 통해 건축주는 자신이 바라던 '다양한 개방성'을 실현했다.

CHAPTER 5

NWH

하세베 쓰토무
Tsutomu Hasebe

중정을 통해 1층 욕실 및 2층 거실과
부드럽게 이어지는 아이 방

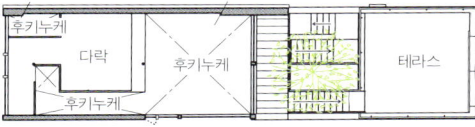

다락

2층

1층

평면도 $\frac{1}{250}$

5 삶을 생각하다

209

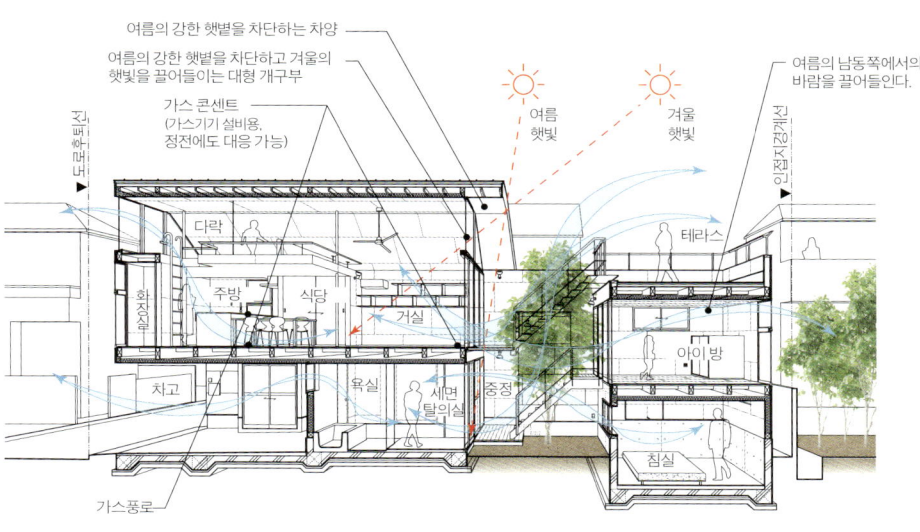

왼쪽 라완 합판(동남아 고무나무의 일종—역주)으로 마감한 거실 전경. 내구성이 강하고 시간이 지나도 노후 및 손상이 적다

오른쪽 중정으로 커다란 개구부를 내어 탁 트인 시야를 확보했다. 스킵 플로어를 적용해 공간과 공간을 부드럽게 연결하는 동시에 긴장감 있는 개방감을 즐길 수 있다

5 삶을 생각하다

CHAPTER 5
NWH
하세베 쓰토무
TSUTOMU HASEBE

중정을 설치해 각각의 공간이 독립성을 가지는 한편, 날씨와 계절의 변화에 따라 각 공간이 명도·온도·습도·기류 등의 차이가 생기도록 했다. 이러한 시도는 같은 건물 안에서도 살아가는 방식 및 선택의 폭을 넓히고 각자의 삶을 더욱 풍요롭게 해준다.

현관 홀 전경. 욕실은 블라인드의 개폐 여부에 따라 개방성과 프라이버시를 확보한다

NWH
도쿄도 네리마구
목조축조공법 지상2층 건물
대지 면적: 77.15㎡(23평)
건축 면적: 45.08㎡(14평)
연상 면적: 88.04㎡(27평)

5 삶을 생각하다

CHAPTER 5
나카카이간의 코트 하우스
무라타 곤
JUN MURATA

5 삶을 생각하다

세 가지 타입의 정원을 소유한 입체적인 2세대 주택

시내 한 모퉁이에 세운 2세대 주택. 인접지에 3층 건물이, 도로 맞은편에 맨션이 위치하는 입지 조건하에서 외부 시선을 가리고 밝고 개방적인 녹지를 즐기기 위해서는 코트 하우스가 최상의 선택이었다.

코트 하우스란, L자형 혹은 ㄱ자(혹은 ㄷ자)형태로 정원을 감싸는 주택으로, 중정을 끼고 있는 집이 대표적이다.

중정은 외부 시선과 상관없이 대형 창을 설치할 수 있어 언제나 충분한 햇살과 바람을 만끽할 수 있다는 장점이 있다. 중정 주변에 자주 사용하는 핵심적인 공간을 배치하면, 거주자가 집 안에서 많은 시간을 푸른 녹지를 즐기며 쾌적하게 보낼 수 있다.

위 남쪽의 전면도로에서 본 외관의 모습. 도로 맞은편으로 높은 맨션이 있어 주위 시선을 차단하기 위해 외관은 닫힌 구조로, 중정을 중심으로 열린 구조로 설계했다

아래 중정은 코트 하우스의 중심이다. 현관문을 열면 정면으로 싱그러운 녹음이 펼쳐진다

이 주택은 분리형 2세대 주택으로 1층과 2층에 사는 세대가 구분된다. 현관도 역시 별도로 설치했다. 그러나 부모와 자녀 세대인 만큼 건축주는 자연스럽게 서로의 안부가 전해지는 주택을 원했다. 건축가는 이런 요청에 따라, 커다란 박스 형태 건물 속에 각 층의 전용 정원과 공동 옥상정원을 설계했다. 이로써 입체적으로 이어지는 정원이 적당한 거리감을 만들면서 서로를 연결해주는 완충지대가 되었다. 부모가 거주하는 1층은 노각나무를 심은 중정을 축으로 각 공간을 배치했으며 남쪽 침실은 단층으로 설계했다. 자녀가 거주하는 2층에는 야외 정원을 만들었는데, 남쪽 도로와 중정에 인접해 1층 부모 세대와 도로를 지나는 통행인에게도 멋진 풍경을 선사한다.

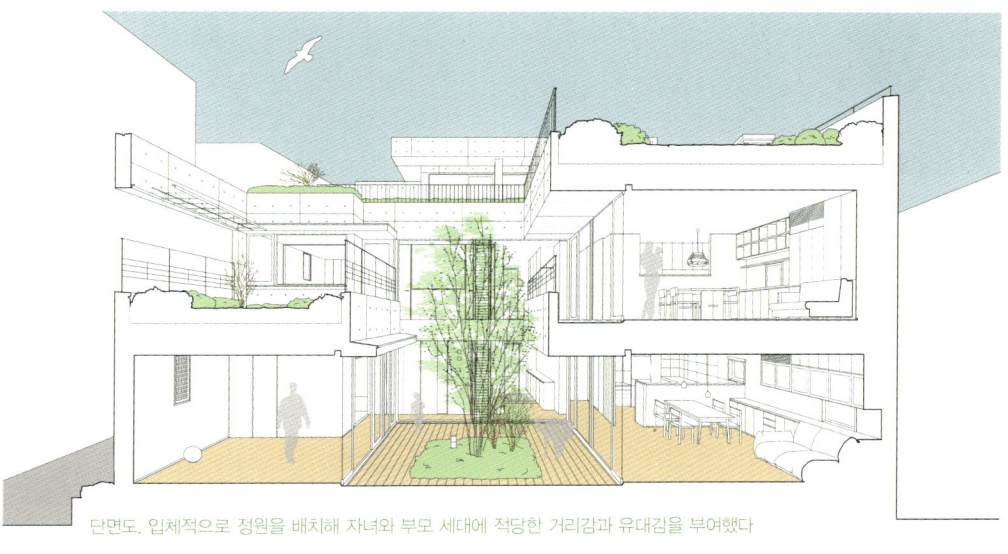

단면도. 입체적으로 정원을 배치해 자녀와 부모 세대에 적당한 거리감과 유대감을 부여했다

CHAPTER 5
나카카이간의 코트 하우스

무라타 곤
JUN MURATA

1층 거실에서 중정을 바라본 모습. 복도를 돌아 안쪽으로 들어가면 침실과 다다미방이 나온다. 일상의 주된 공간이 정원을 중심으로 펼쳐지니 자연스럽게 전원의 삶을 즐기게 된다

2층 현관. 중정에 심은 나뭇잎의 생명력이 한가득 펼쳐진다

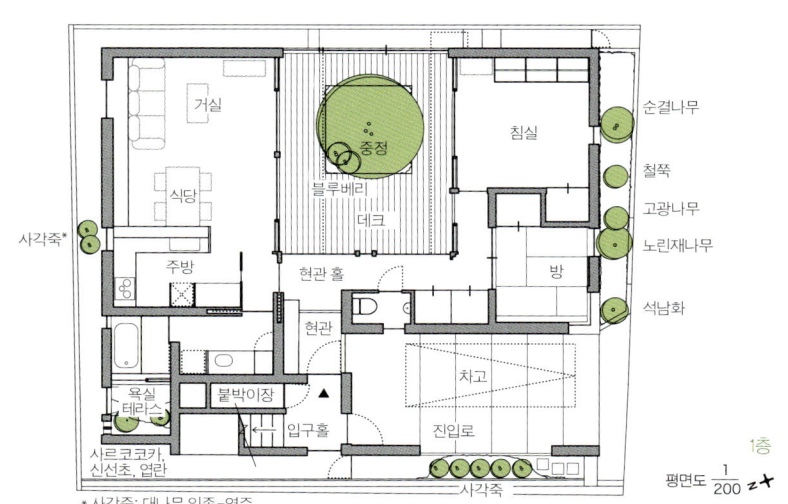

CHAPTER 5
나카카이간의 코트 하우스
무라타 곤
JUN MURATA

3층의 옥상정원은 부모와 자녀 세대가 각자의 통로로 접근할 수 있는, 그야말로 충만한 자연을 마음껏 즐기는 공간이다.

이처럼 성격이 다른 정원을 각층에 배치하고 부드럽게 연결해 세대 간에 적당한 거리감과 유대감을 동시에 유지하도록 했다. 더불어 아름다운 정원을 갖춘 집은 거주자의 삶을 풍요롭게 해줄 뿐만 아니라 길거리의 풍경도 한층 윤택하게 해준다.

위 2층 중정에서 옥상정원까지 눈부신 녹음이 이어진다.

아래 2층 공부방에서 야외 정원을 바라본 모습. 이곳은 자녀 세대의 전용 정원이다.

5 삶을 생각하다

나카카이간의 코트 하우스
가나가와현 지가사키시
철근 콘크리트조 지상 2층 건물
대지 면적: 186.84㎡(56평)
건축 면적: 112.04㎡(34평)
연상 면적: 201.57㎡(61평)

PROFILE

이시이 히데키 *Hideki Ishii*

1971	치바현 출생
1995	도쿄이과대학 이공학부 건축학과 졸업
1997	도쿄이과대학 대학원 수료 architect team archum 설립
2001	이시이 히데키 건축설계사무소 설립
2012	건축가주택모임 이사
2009	일본 건축가협회 우수건축선 200선 입선
2014	도쿄건축상 최우수상 수상
2015	거주환경디자인어워드 장려상 수상
2015	일사련건축상 회장상 수상
2016	도쿄건축상 최우수상 수상
2016	일사련건축상 국토대신상 수상
2017	도쿄건축상 우수상 수상
2017	건축사회연합회상 우수상 수상

집필 페이지
P8,16,23,25,26,27,29,42~43,
44,49,55,56,64,65,67,76,79,95,
101,110,118,122,123,128,129,
150,158~159,160,161,163,166,171,177,
183,186,188~193

스기우라 미쓰루 *Mitsuru Sugiura*

1971	치바현 출생
1994	다마미술대학 미술학부 건축학과 졸업
1994-2001	나카노코퍼레이션(현 나카노후드건설) 근무 (시공 및 설계 담당)
1997-99	재직중 다마미술대학 대학원 수료
2002	JYU ARCHITECT 종합계획1급 건축사사무소 설립
2010	교토조형예술대학 비상근강사
2012	NPO법인 '집 만들기 모임' 이사
2006	제4회 NiSSC이소밴드 디자인콘테스트 특별상 수상
2007	다마미술대학 SHIBUCOM 장려상 수상
2016	건축가주택모임 감사

집필 페이지
P9,11,12,14,18,31,32,34,45,50,72,75,
81,88,90,104,105,114,115,119,124,145,
148~149,151,155,157,168,169,172~173,
175,180,184,194~199

쓰루 리코 *Rico Turu*

1971	후쿠오카현 출생
1994	규슈대학 공학부 건축학과 졸업
1994-1996	아오키 준 건축설계사무소 근무
1997-1998	C+A(Coelacanth and Associates) 근무
1998	쓰루 리코 건축설계스튜디오 설립
2009-2015	고쿠시칸대학 비상근강사
2012-	쇼와여자대학 비상근강사
2017-	니혼대학 비상근강사

집필 페이지
P15,17,19,20,21,22,36,54,57,58~59,
61,68,70,78,83,86,87,91,94,96,111,
113,121,130,131,134,136,137,152,153,
156,164,170,176,179,181,200~205

집필 페이지
P6~7,10,13,24,28,30,33,35,37,39,40,
46,52,62,71,73,74,82,89,92~93,97,99,
100,103,106,112,132,133,135,146,162,
182,185,206~211

하세베 쓰토무 *Tsutomu Hasebe*

1968	야마나시현 출생	2005	종합자격학원 비상근강사
1991	도요대학 공학부 건축학과 졸업	2006	도요대학 비상근강사
1991-2000	호리이케 히데토 도시건축연구소 근무		
2000-2002	핫토리 건축계획연구소 근무	2009	굿디자인상 수상
2002	I.B.S ARCHITECTS 근무 H.A.S.Market 설립	2012	SD리뷰 입선

집필 페이지
P38,47,48,51,53,60,63,66,69,77,80,
84,85,98,102,108~109,116,117,120,
125,126~127,138,139,140,141,142,143,
144,154,165,167,174,178,212~217

무라타 준 *Jun Murata*

1971	도쿄 출생	2009	무라타 준 건축연구실로 개칭
1995	도쿄공업대학 공학부 건축학과 졸업	2011	NPO법인 '집 만들기 모임' 이사
1997	도쿄공업대학 대학원 수료	2012-2016	NPO법인 '집 만들기 모임' 부대표
1997-2006	아키비전 건축연구소 근무		
2006	무라타 야스오 건축연구소 근무	2009	제12회 TEPCO 쾌적주택 콘테스트 가작 수상
2007	무라타 야스오 건축연구소 대표	2012	『실천적 집 만들기 학교: 자신만의 무기를 가져라』 공동 저자
		2013	『자연과 더불어 사는 설계법』 저자
		2015	『디테일로 보는 최고로 아름다운 주택 디자인 방법』 공동 저자

ATARASHII JYUTAKU DESIGN ZUKAN
© HIDEKI ISHII & MITSURU SUGIURA & RICO TURU & TSUTOMU HASEBE & JUN MURATA.
Originally published in Japan in 2013 by X-Knowledge Co., Ltd.
© HANS MEDIA INC, 2014 All rights reserved.
This Korean translation rights arranged through BC Agency, SEOUL.

이 책의 한국어판 저작권은 BC 에이전시를 통한 저작권자와의 독점 계약으로 한스미디어에 있습니다.
신 저작권법에 의해 한국 내에서 보호를 받는 저작물이므로 무단 전재와 무단 복제를 금합니다.

새로운 주택 디자인 도감(개정판)

개정판 1쇄 발행 2021년 11월 25일

지은이 이시이 히데키 외 4명
옮긴이 나지윤
펴낸이 김기옥

실용본부장 박재성
편집 실용1팀 박인애
영업 김선주
커뮤니케이션 플래너 서지운
지원 고광현, 김형식, 임민진

디자인 제이알컴
인쇄·제본 민언프린텍

펴낸곳 한스미디어(한즈미디어(주))
주소 121-839 서울시 마포구 양화로 11길 13(서교동, 강원빌딩 5층)
전화 02-707-0337 | **팩스** 02-707-0198 | **홈페이지** www.hansmedia.com
출판신고번호 제 313-2003-227호 | **신고일자** 2003년 6월 25일

ISBN 979-11-6007-751-3 13540

책값은 뒤표지에 있습니다.
잘못 만들어진 책은 구입하신 서점에서 교환해드립니다.